Mobbing in Schulen

Ein Ratgeber

Einstimmung

Kennst du das Gefühl, Sonntag Abend ins Bett zu gehen und schon ein gewisses Grauen vor dem nächsten Tag zu haben, weil du wieder in diese Klasse musst, in der eine Person ist, die alles tut, um dir den Tag zur Hölle zu machen und du weißt, dass es deine Mitschüler mitbekommen sich aber nichts sagen trauen!

Mir geht es so, und es ist unerträglich. Sicher, du weißt, dass es nicht so ist, dass dich keiner mag, oder so, aber trotzdem stehst du in den meisten Situationen alleine da und weißt dir nicht mehr zu helfen.

Deine Mitschüler sagen immer „lass dich nicht von denen fertig machen, die brauchen nur jemanden zum reden, mach dir nix draus!“ Das ist leichter gesagt als getan, wenn du sogar schon Schläge angedroht bekommst...bei mir ist es sogar schon soweit gewesen, dass ich nicht mehr in die Schule wollte.

Ich hab dann mit meinem Klassenleiter darüber geredet und der hat auch mit ihr darüber gesprochen, aber der Psychoterror hat noch lange nicht aufgehört. Beim Klassenzimmerwechsel steh ich immer ganz allein auf dem Gang bis ein Lehrer kommt, und stell ich mich mal zu ihnen hin, sagen sie nur „Was willst‘n du da? Ham wir gsagt, dass wir dich brauchen? Zieh Leine!“

Naja und dann stehst du wieder da, und hast niemanden. Mit meinen Eltern darüber zu sprechen...undenkbar! Und so fügst du dich deinem Schicksal, und frisst wieder den ganzen Kummer in dich rein!

Und so geht das Tag für Tag, Woche für Woche ....[1]

---

[1] Schueler-Mobbing:http://www.schueler-mobbing.de/mobb/modules/news/article.php?storyid=159

Werner Ebner

Mobbe und herrsche!

Was Eltern wissen sollten und
tun können.

FSC
www.fsc.org
MIX
Papier aus verantwortungsvollen Quellen
Paper from responsible sources
FSC® C105338

Impressum

2. Auflage 2014

Herstellung und Verlag :
Books on Demand GmbH, Norderstedt

Umschlag: Werner Ebner
Layout: Werner Ebner
Satz: Werner Ebner

ISBN 978-3-7357-2431-1

Inhalt

Vorwort

Die Erfahrung gemobbt zu werden bringt viele Emotionen mit sich. Ich weiß, wie es sich anfühlt, wenn man als Kind oder als Erwachsener gemobbt wird. Ich weiß, wie sehr ein Mensch darunter leidet, ich hatte diese Opfergefühle.

Meine erste Erfahrung mit Mobbing machte ich am Gymnasium wegen einer körperlichen Behinderung. Im Alter von 10 Jahren wurden eine Beinverkürzung des linken Beines und eine beidseitige Hüftgelenkserkrankung festgestellt. Die Folge war eine deutliche Bewegungseinschränkung mit linksseitig leicht hinkendem Gang. Ich wurde vom Sportunterricht befreit und musste auf der Bank sitzend dem Unterricht zuschauen.

Hinter meinem Rücken wurde geredet, man lachte über das „Hinkebein“, ich wurde gehänselt und immer mehr ausgegrenzt. Meine Freude an der Schule wich der beklemmenden Angst, welchen Gemeinheiten im Schulalltag ich wohl als nächstes ausgesetzt sein würde.

Die Lehrer bekamen davon nichts mit. Sie erzählten meinen Eltern in der Elternsprechstunde, dass ich ein unauffälliger ruhiger Schüler sei, der viel zu wenig am Unterricht teilnehme. Ich solle mehr aus mir herausgehen, schließlich seien mündliche Leistungen ein wesentlicher Bestandteil der Notengebung.

Natürlich habe ich mich gewundert, war entsetzt, enttäuscht, wütend, darüber, dass die Schule so wenig dagegen unternommen hat. Heute weiß ich, dass die Lehrer es nicht besser wussten, ja dass sie Mobbing gar nicht erkannt haben und sich folglich keiner Möglichkeiten zu dessen Verhinderung bewusst waren. In meiner Tätigkeit als Lehrer habe ich selbst erfahren, wie schwierig es ist

Mobbing zunächst zu erkennen und dann eine auf das Wohl des Opfers und des Täters bedachte Handlung anzuschließen.

In der 6. Klasse bekamen wir „Eugen“, den Sportlehrer. Wir hatten damals die Angewohnheit unter uns Schülern unsere Lehrer mit dem Vornamen in Verbindung mit dem Unterrichtsfach zu nennen. Wir hatten also Unterricht bei „Arthur“, dem Mathematiklehrer, Biologie gab es bei „Eva“ und Sport bei „Eugen“. „Eugen“ bat mich beim Aufbau der Turngeräte zu helfen oder die Bodenmatten auszulegen. Ich habe das gerne gemacht, denn so saß ich nicht tatenlos in der Turnhalle am Rand. Dann sollte ich Sportbekleidung mitbringen, denn Straßenkleidung- und schuhe eigneten sich nicht für den Sportunterricht. Er ermunterte mich dazu, die eine oder andere Turnübung auszuprobieren. Nach etlichen, wenngleich etwas ungelenkigen Versuchen, merkte ich, dass ich es auch konnte, und dass es Mitschüler gab, die ohne körperliche Behinderung die Übungen noch schlechter machten als ich.

Das ursprüngliche Gelächter meiner Mitschüler wich der Bewunderung über meinen Mut und auch über meine Leistung. Das Mobbing hatte aufgehört. Am Ende des Schuljahres bekam ich eine Sportnote. Eugen bestand darauf, dass dieses „Befriedigend“ in mein Zeugnis eingetragen werden sollte. Es blieb die einzige Sportnote, die ich je bekommen habe.

„Eugen“ hatte mich inspiriert neue Erfahrungen zu machen, Herausforderungen einzugehen und zu wachsen. Auch wenn ich in meinem Leben immer wieder an Grenzen und auf Widerstand gestoßen bin und oft den Wunsch verspürt habe aufzugeben, so habe ich mich in diesen Situationen stets an „Eugen“ und die Sportnote erinnert und dadurch die Kraft und den Mut zum Weitermachen wiedergefunden. Im Verlauf der Zeit bin ich an diesen Herausforderungen gewachsen und dadurch gereift. Meine eigenen Grenzen zu überschreiten und über mich selbst hinauswachsen zu können zählt wahrscheinlich zu den prägendsten Erfahrungen meines Lebens.

Natürlich hat damals niemand von Mobbing gesprochen. Der Begriff war unbekannt. Es gab „Konflikte“ und die wurden so gut wie möglich gelöst. Erst Jahre später wurde der heute hinlänglich bekannte Begriff Mobbing geprägt. Den eigentlichen Anstoß mich mit dem Thema Mobbing eingehend zu beschäftigen, habe ich schließlich durch meine Tochter bekommen, die über einen längeren Zeitraum in der Schule gemobbt wurde. Als Vater und ehemaliges Opfer habe ich es mir zur Aufgabe gemacht den Ursachen für Mobbing auf den Grund zu gehen und nach nachhaltigen Verbesserungsmöglichkeiten für sowohl Betroffene, als auch Eltern und Täter zu suchen.

Im Zuge meiner Lehrertätigkeit stellte ich ähnliche Verhaltensweisen auch bei meinen Schülern fest. Alle schlechten Gefühle aus meiner Schulzeit waren präsent und ich beschloss, mit meinen Schülern daraus ein Unterrichtsprojekt zu machen. Recherchen im Internet lieferten mir zum ersten Mal den Begriff „Mobbing“ und passend dazu nannte ich es Schueler-Mobbing. Das Projekt, seine Präsentation im Internet (http://www.schueler-mobbing.de) mit Diskussionsforum und Weblog erbrachte hunderte von Schülerberichten und mir wurde dadurch die Aktualität und die Brisanz dieses Themas noch einmal deutlich vor Augen geführt.

Die für mich logische und konsequente Folge war die wissenschaftliche Auseinandersetzung mit der Mobbingforschung. Immer mehr Bücher und Studien sind dazu erhältlich, die genau das bestätigten, was meiner Erfahrung entspricht und auch die Schülerberichte aus dem Weblog und den Foren von Schuler-Mobbing untermauern die Forschungsergebnisse.

Ursachenforschung ist die eine Seite, Lösung die andere. Im Lauf der Jahre sind mir viele Konzepte begegnet und ich lernte einzustufen, welche gut geeignet waren und welche weniger. Am besten gefiel mir die Lösung von meinem Sportlehrer. Niemand wurde beschuldigt, beschämt oder bestraft und ich stellte fest, dass seine Vorgehensweise auch bei Tätern funktionieren kann.

Dieser Ratgeber kann dabei helfen, die ganze Mobbingproblematik besser zu verstehen. Sie erfahren, wie sie Mobbing erkennen können und wie der Verlauf einer solchen Attacke ist. Entscheidend ist die richtige Herangehensweise und der Umgang mit dem System Schule. Dieser Ratgeber liefert Ihnen die notwendigen Basisinformationen für den Umgang mit Mobbing, um so zu einem positiven Ergebnis kommen zu können. Desgleichen wird aufgezeigt und begründet, was aus dem Umgang mit Mobbing gelernt und verbessert werden kann.

Kinder sind das Wertvollste was wir haben und Kinder brauchen den Schutz und die Hilfe von Erwachsenen. Ich möchte jeden ermutigen, sich auf den Weg einzulassen, um sich von der Geisel Mobbing zu befreien. Mobbing kann gestoppt werden, gehen wir es an.

Zur Vereinfachung und aus Gründen der besseren Lesbarkeit wird jeweils die männliche Form gewählt. Selbstverständlich sind Frauen bei allen männlichen Bezeichnungen mitbedacht und mögen sich bitte in gleicher Weise angesprochen fühlen.

1

MOBBING

1.1 Was ist Mobbing?

Im Laufe meiner langjährigen Beratungen habe ich viele Geschichten gehört und musste feststellen, dass eine große Unsicherheit darin besteht, was Mobbing ist und was nicht. Gerne wird die Formulierung „Mein Kind wird gemobbt“ in den Mund genommen. Doch nicht alles was so bezeichnet wird, ist auch Mobbing. Deswegen bedarf es einer Klärung des Begriffs und einer Definition der damit verbundenen Problematik.

Mobbing ist eine Wortschöpfung, die aus der englischen Sprache kommt. „To mob“, hat die Bedeutungen „über jemanden lärmend herfallen, anpöbeln, angreifen, attackieren“, „the mob“ kann „Mob, Gesindel, Pöbel“ heißen.[2]

Der Begriff geht zurück auf Konrad Lorenz (1903 - 1989). Er war Zoologe und Verhaltensforscher bei Tier und Mensch. Während seiner Studien beobachtete er Wildgänse in ihrem Verhalten. Er stellte fest, dass die sich lärmend zusammenrotten, wenn sie ein schwächeres Tier loswerden oder vertreiben wollen. (Lorenz, 2007) Ähnlich verfahren Gänse mit einem ihnen überlegenen Tier. Um einen stärkeren Gegner vertreiben zu können, z.B. einen Fuchs, starten Sie einen Gruppenangriff. Dieses Verhalten nannte Lorenz Mobbing und er zeigt damit gleichzeitig auf, dass es sich um einen gruppendynamischen Prozess handelt. Bei Menschen hat Mobbing offensichtlich dieselbe evolutionäre Wurzel (Eibl-Eibesfeldt, 1986). Jeder, der auffällig ist, hat ein erheblich erhöhtes Risiko, gemobbt zu werden. So werden Männer in Frauenberufen, Frauen in Männerberufen, Behinderte und Ausländer deutlich häufiger gemobbt als der Durchschnitt der Bevölkerung (Dambach, 2009) Außerdem

---

[2] Deutsch Englisches Wörterbuch: http://www.dict.cc/

verhalten sich Tiere, die Artgenossen ausgrenzen nahezu genauso wie Menschen, die mobben (Dröscher, 1989).

Der schwedische Arzt Peter-Paul Heinemann (1931-2003) untersuchte Gewalt bei Kindern an Schulen (Gymnasien). Er bezeichnete die Gewalt einer Gruppe von Kindern gegenüber anderen Kindern als Mobbing (Heinemann and Thorén, 1972). In seinen Untersuchungen fand er heraus, dass diese Gewalt, wenn sie nicht gestoppt wird, so weit gehen kann, dass ein Kind Selbstmord begeht.

Hieran anknüpfend nahm der schwedische Arbeitspsychologe Heinz Leymann (1932 - 1999) den Begriff auf, um mit ihm ähnliche Vorgänge in der Arbeitswelt der Erwachsenen erklären zu können (Leymann, 1993). Er hatte im Verlaufe seiner Studien in Schweden festgestellt, dass die Ursachen für psychische Belastungen von Arbeitern häufig mit den Mitarbeitern im unmittelbaren Umfeld zu tun haben oder mit den direkten Vorgesetzten und nicht mit deren eigenen Persönlichkeit.

Die Bezeichnung „Mobbing“ wird vor allem im deutschsprachigen Raum verwendet. Im englischsprachigen Raum spricht man von „Bullying“, abgeleitet von dem Wort „bully“, was so viel wie brutaler Mensch, Tyrann, Despot bedeutet. Mobbing durch Vorgesetzte bezeichnet man als „Bossing“.

Dan Olweus, ein schwedischer Psychologe, beschäftigt sich seit 1970 als einer der ersten Forscher überhaupt mit der wissenschaftlichen Aufarbeitung der Mobbing- und Gewaltproblematik an Schulen (wofür er den Begriff Bullying verwendete) und entwickelte seit den 1980er-Jahren Methoden der Gewaltprävention, die heute noch gültig und effizient sind (Olweus, 1993). Seine Anti-Bullying-Programme erhielten mehrere Auszeichnungen und Preise. Der Anlass war, dass drei norwegische Schüler nach anhaltenden Schikanen durch Gleichaltrige Selbstmord begangen hatten.

Das Präventionskonzept nach Dan Olweus wird von einigen Kultusministerien der Bundesländer als erfolgreiches und gut evaluiertes Konzept den Schulen empfohlen und auch die Lehrerbildung darauf abgestimmt. (Olweus, 2006, et al.) Es wendet sich gegen „Negative Handlungen“. Damit sind körperliche und seelische Verletzungen oder Unannehmlichkeiten wie Drohen, Spotten, Hänseln, Beschimpfen, Beleidigen, Fratzenschneiden, obszöne, anstößige Gesten (der nach oben gerichtete Mittelfinger), Schlagen, Treten, Schubsen, Stoßen, Kneifen, Festhalten gemeint.

Um von Mobbing sprechen zu können ist nach Olweus und Leymann ein Ungleichgewicht der Kräfte zwischen Mobbern und Mobbing-Betroffenen vorhanden. Der Täter ist der Stärkere und das Opfer der Schwächere. Stärke kann unterschiedliche Ausprägungen haben, psychisch (seelisch), physisch (körperlich), rhetorisch (sprachlich).

1.2 Zusammenfassung Mobbing

Mobbing hat sich in der deutschsprachigen Literatur durchgesetzt. Mobbing ist der allgemeinere Begriff, der bullying, bossing, staffing mit einschließt, die jeweils nur bestimmte Aspekte gewichten:

Bullying findet man für Mobbing häufiger in der angelsächsischen Literatur; in der deutschsprachigen Literatur bezeichnet Bullying meist Gewalt unter Schülern in der Schule. Mobbing bedeutet Anpöbeln, Fertigmachen (mob = Pöbel, mobbish = pöbelhaft).

Mobber sind sich der Schwächen ihrer Opfer bewusst und setzen ihre Aggression strategisch und systematisch ein, um ein gewisses Ansehen in der Klasse zu haben und das Opfer fertig zu machen. (Schäfer, 2004) Ein aggressives Kind unterscheidet sich von einem Mobber dadurch, dass es jedem gegenüber impulsiv und unkontrolliert aggressiv reagiert.

1.3 Die Kennzeichen von Mobbing

Wenn zwei ungefähr gleich starke Schüler sich bekämpfen oder streiten, handelt es sich nicht um Mobbing, sondern es besteht ein Konflikt. (Hanewinkel and Knaack, 1997) Auch die üblichen Streiche wie Mäppchen, Schulranzen, Hefte verstecken oder gelegentliche Beschimpfungen und Beleidigungen sind noch kein Mobbing, obwohl es sich dabei um die typischen Mobbinghandlungen handelt (Anhang III, Mobbinghandlungen). Bei Konflikten, die wenige Tage bestehen, werden Lösungen angestrebt oder sie enden, wenn sie ausgetragen worden sind. Im Falle von Mobbing sind die Täter nicht an einer Lösung interessiert. Auch wenn das Opfer längst aufgegeben hat, setzen die

Täter ihre Handlungen fort. Mobbing ist ein länger andauernder Psychoterror in der Schule.

Die Mobbinghandlungen sind häufig nicht direkt zu erkennen, weil die Täter ihre Aktionen versteckt durchführen. Sie geben dann ihre verdeckten Aktionen auf und handeln ganz offen, wenn seitens der Schule nichts unternommen wird oder wenn die Mobber glauben auch den Lehrern gegenüber überlegen zu sein.

Das Ziel von Mobbing ist immer dasselbe: Der Betroffene wird systematisch und zielgerichtet ausgegrenzt. Mobbing wird nie begrenzt auf eine einzelne Handlung, sondern es ist ein langer zermürbender Nervenkrieg, bei dem der Betroffene keine soziale Hilfestellung erhält und das Geschehen auch nicht beeinflussen kann. Schädliche Auswirkungen werden in Kauf genommen, da sie häufig ohne Folgen für die Täter geschehen können. Mobbing verletzt die Würde eines Menschen unter bewusster Missachtung von Respekt und Toleranz.

Mobbing Opfer sprechen selten über ihre Situation, da sie befürchten, dass dadurch alles noch schlimmer wird. Sie schämen sich für die Situation, in der sie sich befinden und geben sich die Schuld.

Bei Mobbing gibt es ein bis drei Haupttäter, die die Attacken durchführen oder andere dazu anstacheln. Das Opfer ist stets eine Einzelperson. Daneben gibt es eine geringe Anzahl von Mitläufern. Der Großteil einer Klasse oder einer Lerngruppe verhält sich passiv. Unbeteiligte, passive Schüler sind von dem täglichen Schauspiel fasziniert, sie fühlen sich abgestoßen und empfinden Angst, oder sie leiden an einer Falscheinschätzung der Situation („das ist doch nur Spaß"). Sozial kompetente Schüler versuchen erfolglos einzugreifen, allen gemeinsam ist das große Schweigen, weil sie fürchten selbst Opfer zu werden.

1.4 Wie sehen die Mobbinghandlungen aus?

Einer der ersten, der das Phänomen Mobbing wissenschaftlich untersuchte war Heinz Leymann. Sein Forschungsschwerpunkt war Mobbing am Arbeitsplatz. Zunächst teilte er die Mobbinghandlungen in 5 Gruppen ein, die auf schulische Verhältnisse angepasst so aussehen (Leymann, 1995):

Angriffe auf die Möglichkeit sich mitzuteilen,
z.B. Kontaktverweigerung durch Gesten oder wiederholtes Unterbrechen von Wortbeiträgen zum Unterricht
Angriffe auf die sozialen Beziehungen,
z.B. „Rauswurf“ aus dem Unterricht, alleine sitzen lassen, weitab von Mitschülern oder die Behandlung der Betroffenen „wie Luft“.
Angriffe auf das soziale Ansehen,
z. B. das Verbreiten von Gerüchten oder die falsche und kränkende Beurteilung der mündlichen und schriftlichen Mitarbeit im Unterricht.
Angriffe auf die Qualität der Schul- und Lebenssituation,
z. B. das Auftragen sinnloser, „kränkender“ oder entwürdigender Arbeitsaufgaben.
Angriffe auf die Gesundheit,
z. B. durch den Zwang zu gesundheitsschädlichen Arbeiten oder die Ausübung körperlicher Gewalt.

Leymann nennt 45 Mobbinghandlungen. Sie entstammen Untersuchungen aus der Arbeitswelt und lassen sich direkt auf die Schule und Schüler übertragen. (Anhang III, Mobbinghandlungen).

Das Forum von Schueler-Mobbing und das Weblog bieten eine Menge authentisches Material, das uns dem Phänomen Mobbing näherbringt. Ich habe alle Berichte im Original belassen, denn Rechtschreibung und Satzzeichensetzung geben zusätzliche interessante Informationen über den Gefühlszustand eines Mobbingopfers. Die zitierten Beiträge sind anonym, Realnamen und Nicknamen wurden verändern und lassen keine Rückschlüsse auf die Identität des Schreibers zu.

Der Ideenreichtum der Täter scheint nicht enden zu wollen und wirkt äußerst nachhaltig, sehr zum Leidwesen der Betroffenen:

> *„Ich wurde jahrelang von den Tussen aus meiner Klasse fertiggemacht und wusste nicht warum. Sie haben mich angeschrien, mir gedroht. Ich habe es den Lehrern erzählt. Nichts hat geholfen!“*[3]

Wie das Beispiel zeigt werden die Opfer systematisch „mundtot“ gemacht. Es erfolgen Angriffe auf die sozialen Beziehungen die so aussehen können:

> *„Ich wurde eigentlich seit ich denken kann von anderen Kindern geschnitten. Ich weiß nicht, warum - vielleicht weil ich immer groß war für mein Alter, aber extrem unsportlich und motorisch zurück, weil ich leicht geweint habe, wenn eine Gruppe von Kindern mich ohne ersichtlichen Grund geärgert hat, oder weil ich besser in der Schule war.“*[4]

---

[3] Schueler Mobbing:, *Forum,* http://www.schueler-mobbing.de/mobb/modules/newbb/.
[4] Schueler-Mobbing:, *Forum,* http://www.schueler-mobbing.de/mobb/modules/news/article.php?storyid=47.

Die Auswirkungen auf das Ansehen beschreiben Schüler so:

„Ich wurde verleumdet, man machte sich lustig über mich, meine Sachen wurden versteckt, ich wurde als behindert hingestellt. Das Ganze dann auch noch gegenüber den Mädchen."

„In der Pause stehe ich alleine auf dem Schulhof, sehe anderen beim Lachen zu. Man zeigt auf mich und lacht mich aus. Als ich im Krankenhaus lag wegen einer Herzoperation, hörte ich bei meiner Wiederkehr Dinge wie „Warum bist du nicht verreckt?" Das tut weh und mein Selbstvertrauen ist verschwunden. Alleine sein ist schwer. habe das Ritzen in den Armen angefangen, weil ich mir die Schuld daran gebe."[5]

Ganz schlimm erleben Schüler die Angriffe auf ihre Gesundheit.

„Ich war in der 8.Klasse und als mein Vater starb bin ich sitzen geblieben. Dann kam ich in die neue Klasse und es begann. Auf den Heimwegen wurde ich getreten und geschlagen. Wenn Schnee lag, bekam ich Dreckbollen mit Schnee vermischt ab. Im Sommer wurde ich festgehalten und mir wurde mehrmals ein Basketball gegen den Kopf und in den Bauch geworfen. Im Klassenzimmer bekam ich verfaulte Äpfel und alte geschälte Mandarinen ab. Ich hatte keine richtigen Freunde in der Klasse, alle waren gegen mich."[6]

---

[5] Schueler Mobbing, *Forum,* http://www.schueler-mobbing.de/mobb/modules/news/article.php?storyid=48

[6] Schueler Mobbing, *Forum,* http://www.schueler-mobbing.de/mobb/modules/news/article.php?storyid=41.

Die Vorgehensweise ist schularunabhängig überall gleich:

> *„Ich werde auf meiner Realschule von meiner Klasse getreten, geschubst, beleidigt, sogar meine Eltern werde beleidigt, dann werden mir meine Sachen (Federmappe, Stifte, Hefte, Kalender, etc.) weggenommen und heute haben sie sogar meinen Sportbeutel in den Biomüll geworfen. Ich werde ständig getreten und auch "verarscht".*
> *In der Schule wurden neue Wasserspender instaliert und ratet mal wer zuerst baden durfte!!!!! ICH*
> *Als ob das nicht genug währe das Wasser war Eiskalt, und ich durfte die sauerrei auch noch wegräumen...*
> *Die Lehrer haben mir nicht geglaubt! Und der Schuldige kam ungeschoren davon*[7]

Die Liste der „Erscheinungsformen" scheint nicht enden zu wollen: es wird hinter dem Rücken über einen Schüler schlecht geredet, er wird lächerlich gemacht oder bloßgestellt, indem man sich über etwas Persönliches mokiert z.B. Nase, Frisur, Behinderung, Körperform, Kleidung, Zahnspange, Brille, Körperfülle. Schadenfreudiges Lachen und Auslachen sind die Folge, dann kommen die Beschimpfungen und Beleidigungen. Ergänzt wird die Liste durch die Verbreitung von Unwahrheiten oder Peinlichkeiten, die in der Klasse herumerzählt werden. In der nächsten Stufe beginnt der Ausschluss von sozialen Verbindungen und Anlässen. Man darf nicht mitspielen, bei einer Gruppenarbeit nicht mitmachen oder wird nie zu einer Party eingeladen. Damit verknüpft ist die Verbreitung von Gerüchten über die Person des Mitschülers, über seine Eltern und seine

---

[7] Mobbingblog, *Weblog*, http://blog.schueler-mobbing.de/2007/06/14/ich-stelle-mich-mal-vor/.

Herkunft. Alle genannten Handlungen wurden von Schülern erlebt und z.B. im Forum von www.Schueler-Mobbing.de oder im Weblog berichtet:

1. Schuhe, Kleidungsstücke, persönliche Gegenstände von Mitschülern werden versteckt oder einfach zerstört.
2. Schriftliche Demütigungen mit Worten und Zeichnungen, oft mit sexuellem Inhalt.
3. Sexuelle Diffamierungen, Verleumdungen, Anspielungen und Provokationen (Schlampe, Bitch)
4. Sexuelle Übergriffe zum Zweck der Demütigung
5. Erpressung in allen erdenklichen Formen unter Androhung oder Ausübung von körperlicher Gewalt,
6. Bedrohung mit und ohne Waffen.
7. Andere körperliche Übergriffe wie Stoßen, Schlagen, Kneifen, Plagen, Treten, Bein stellen.
8. Mitschüler werden angepinkelt oder gezwungen, den Urin eines andern zu trinken.
9. Die Schulsachen oder die Kleidung werden mit Kot beschmiert
10. Körperliche Verletzungen

Die Reihenfolge ist beliebig und stellt kein Ranking dar! Dass eine ganze Reihe dieser Übergriffe bereits kriminelle Delikte sind und einen Straftatbestand erfüllen, interessiert die Täter wenig. Zum einen sind sie oft noch nicht strafmündig, zum anderen vertrauen sie auf das Schweigen der Opfer. Schweigen ist die Realität, die wir an Schulen erleben.

1.5 Wie entsteht Mobbing?

Mobbing beginnt immer harmlos und sein Verlauf ist schleichend. Die Betroffenen nehmen die Gehässigkeiten und dummen Sprüche zuerst auf die leichte Schulter. Niemand will sie wahrhaben. Doch wenn sich diese Angriffe ausweiten verliert das Opfer zunehmend sein Ansehen in der Schule und wird durch Ausgrenzung zur offiziellen Unperson abgestempelt. Die Mitschüler distanzieren sich von dem Betroffenen. Das Selbstbewusstsein wird untergraben und was auch immer das Opfer unternimmt - oder nicht unternimmt - um sich zu wehren, es bleibt erfolglos. Lassen wir dazu Mobbingopfer zu Wort kommen.

Fallbeispiel: Es fing harmlos an

Ich schreibe zum ersten Mal über meine Erfahrungen. Ihr seit die ersten, die von meiner Geschichte hören. Ich spreche bis heute nicht über diese Erlebnisse. Mit niemandem. Auch habe ich lange Zeit meinen Eltern verheimlicht, was mit widerfahren ist.
Es fing in der 6.Klasse an. Fast ganz harmlos. Eine Streiterei im Sportunterricht. Nichts ungewöhnliches möchte man sagen. Leider hatte ich mich mit dem Falschen eingelassen. Er war schon 2x sitzen geblieben und niemand traute sich etwas gegen ihn zu sagen. Er hatte ein paar Leute um sich geschart, die ihm willig folgten.
Ich weiß gar nicht mehr wie es dann genau weiter ging. Ich wurde mehrmals auf dem Schulweg von ihm und seiner Bande angriffen. Beim ersten Mal wurde ich nur bespuckt und sie waren auch nur zu zweit. Und niemand hat mir geholfen, obwohl sie es alle gesehen haben. Es hat sich wohl niemand getraut.

Dies war auch der Zeitpunkt, an dem meine Eltern von all dem etwas mitbekommen. Ich habe noch versucht alles zu vertuschen, aber dann habe ich es ihnen erzählt. Aber wir haben uns damals entschlossen noch nichts zu tun.
In der Folgezeit habe ich über vieles geschwiegen. Es war mir so peinlich. Und in der Schule wurde es immer schlimmer. Ich wurde herumgeschubst und sie hatten sich einen Spitznamen für mich ausgesucht. Ich bin nicht in der Lage ihn hier niederzuschreiben. Ich kann es nicht. Bis heute nehme ich das Wort nicht in den Mund und versuche nie daran zu denken. Wenn ihn irgendjemand ausspricht kommt alles wieder hoch und ich werde aggressiv.
Dann wurde ich zum zweiten Mal von seiner Bande angegriffen. Dieses Mal waren sie zu dritt oder zu viert. Ich weiß es nicht mehr, auch nicht, was genau passiert ist. Aber diesen Vorfall haben wir dann der Schulleiterin gemeldet. Die versprach zwar etwas zu tun, aber geholfen hat nichts.
Ein paar Tage war es etwas besser und dann war es wieder wie vorher. Sie hat mich noch nicht einmal dazu befragt, sondern einfach nur ein bisschen mit ihm geredet.
Noch schlimmer als auch meine Mitschüler und "Freunde" anfingen diesen Spitznamen aufzugreifen. Irgendwann kam der dritte Angriff. Diesmal war er allein. Es verfolgte mich auf dem Schulweg. Dann haben wir uns auf offener Straße geprügelt und alle haben zugeschaut wie er mich fertig machte, die Nachbarn, die Briefträgerin. Alle. Und keiner hat etwas unternommen.
Nach diesem Ereignis habe ich ihn schließlich angezeigt. Ihn und seine Bande. Es tat so weh zu erfahren, dass alle außer er straffrei davon kommen, weil sie noch nicht

strafmündig waren. Schließlich wurde von der Staatsanwaltschaft ein Täter-Opfer-Ausgleich vorge-schlagen, dem ich zugestimmt habe. In einem dieser Gespräche wurde ich auch gefragt, was ich getan hätte, wenn ich irgendeine Waffe gehabt hätte. Ich antwortete damals, dass ich es nicht wüsste. Insgeheim wusste ich es doch. Hätte ich ein Messer gehabt, hätte ich auf ihn eingestochen. Ich hätte ein Ventil für meinen ganzen Schmerz, diese ganzen Erniedrigungen und Kränkungen gehabt. Jetzt ist zwischen mir und ihm seit Jahren Ruhe...[8]

Das Fallbeispiel beschreibt sehr zutreffend das Entstehen der Mobbingspirale Hier noch einmal die wichtigsten Punkte in der Übersicht:

- Am Anfang steht eine scheinbar harmlose Streiterei.
- Der Täter ist älter und kräftiger als das Opfer. (Ungleichgewicht der Kräfte) Es gibt einen Haupttäter und zwei Nebentäter.
- Das Opfer erhält keine Hilfe, es wird weggeschaut.
- Die Eltern glauben, das geht wieder vorbei und sind passiv. Folge: Es wird schlimmer.
- Die typische Lehrerreaktion - mit dem Täter reden- führt zur Verschärfung der Situation.
- Die Gruppe der Mitläufer bildet sich, die Restklasse bleibt passiv.
- Abhilfe schafft in diesem Fall die Anzeige bei der Polizei, die Maßnahmen der Schule führen nicht zum Erfolg.

In den wenigsten Fällen ist eine Anzeige bei der Polizei möglich. In jedem Fall sind die seelischen Wunden tief und eine

[8] Mobbingblog, *Weblog,* http://blog.schueler-mobbing.de/category/schueler/page/6/.

Heilung dauert sehr lange. Nahezu alle Opfer bekräftigen, dass es ganz harmlos anfing, mit einem Konflikt, oder einfach nur so. Dabei spielen das Geschlecht, die Herkunft, die Schulart keine Rolle. Mobbing durchzieht sich durch alle Bereiche der Gesellschaft. Das dokumentieren weitere Beiträge aus dem Forum von Schueler-Mobbing.

> *Am Anfang fing alles harmlos an und es wurde bis zur 10. immer schlimmer. So schlimm, dass ich jetzt zur 11. hin die Schule gewechselt habe. Ich hab es nie verstanden, warum sie gerade mich ausgesucht haben, da ich eigentlich immer sehr engagiert war. Und ich hab mich sogar 2mal vor die Klasse gestellt und gefragt warum, doch als antwort kam- nichts! Nur dass sie es mutig finden dass ich mich vor sie gestellt habe* [9]

Die Täter lassen ihre Opfer über ihre Motive stets im Dunkeln. Die Masse der Mitschüler schweigt und bleibt passiv. Jst88 (Nickname) schreibt:

> *ich bin ein 17-jähriges mädchen und komme bald in die kollegstufe. mit mobbing habe ich vor 7 jahren sehr schlimme erfahrungen gemacht. ich war in dieser zeit immer der außenseiter und freak, weil ich die jüngste der klasse war und eine auffällige zahnspange tragen musste. dies sind aber auf meiner heutigen sicht nur vorwände für das mobbing, ich denke dass es damals keine genauen gründe gab- außer das ich eben als „fußabtreter" alles abgekriegt hab!* [10]

---

[9] Schueler-Mobbing, *Forum,* http://www.schueler-mobbing.de/mobb/modules/news/article.php?storyid=151.
[10] Schueler-Mobbing, *Forum,* http://www.schueler-mobbing.de/mobb/modules/news/article.php?storyid=150.

Die Quälereien beginnen oft schon in der Grundschule und dauern jahrelang an. Auch ein Wechsel an eine weiterführende Schule bringt selten eine Besserung, denn die Täter haben auch die Schule gewechselt.

Opfer und Eltern beklagen immer wieder das Verharmlosen von Seiten der Schule und betonen den Hass, der sich auf die Mitschüler und Lehrer ausbildet. Diese Aggression führt zu Dauerstress, der keine Möglichkeit hat, sich abzubauen. Die Frage nach dem „Warum gerade ich“ lässt sich für die Opfer nicht beantworten. Jst88 kommt der Wahrheit ziemlich nahe, wenn sie schreibt:

„ich denke, dass es damals keine genauen Gründe gab.“

Je länger das Mobbing dauert, desto weniger sind die Folgen kalkulierbar.

1.6 Das Phasenmodell

Alle Fälle zeigen, dass der Mobbingprozess mehrere Phasen durchläuft. Um erfolgreich etwas unternehmen zu können, kann es wichtig sein herauszufinden, in welcher Phase sich das Opfer befindet.

1.6.1 Phase 1: Die täglichen Konflikte

Leymann (Psychoterror am Arbeitsplatz, 1993) und Olweus (Gewalt in der Schule, 2006) beschreiben Mobbing als Phasenverlauf, dem ein Konflikt zugrunde liegt. Konflikte sind normale Vorgänge im Leben und ohne Konflikte kann nach Leymann auch kein Mobbingverlauf entstehen. Bei den Konflikten handelt es sich um Meinungs-verschiedenheiten, Streitigkeiten um Einfluss und Macht, oder es handelt sich einfach um Ungerechtigkeiten. Konflikte sind deswegen nötig, weil ohne konstruktive Konflikte Veränderungen kaum möglich sind. (Leymann, 1993).

Die Konfliktparteien bemühen sich meistens um eine Lösung, wobei ein Kräftegleichgewicht Voraussetzung ist. Nur ein geringer Teil weitet sich zu Psychoterror und Mobbing aus. Der größte Teil tritt nur einmalig oder für kurze Zeit auf. Diese Konflikte können relativ leicht durch Gespräche gelöst werden. Erfolgt keine Einigung oder keine zufriedenstellende Lösung für beide Parteien, führt das häufig zu Aggressionen unter den Beteiligten. Der ursprüngliche Auslöser tritt immer mehr in den Hintergrund und wird zur persönlichen Auseinandersetzung. Die dadurch entstandenen Spannungen bleiben bestehen und werden am Verhalten der Konfliktpartner sichtbar. Sie zeigen Abneigung und Widerstand gegeneinander, geben sich aggressiv, uneinsichtig und stur oder beharren auf Formalitäten, deren Erfüllung nahezu unmöglich erscheint. Eine aggressiv, gereizte Stimmung führt zur Bildung von Täter- und Opferrollen. Der Betroffene - das Opfer - ist irritiert, einseitig argumentierend, verunsichert und ängstlich. Das Mobbing beginnt!

Abhilfe in dieser Phase: Sobald ein Ungleichgewicht zwischen den Streitenden festgestellt wird, muss der Konflikt „von außen“ gelöst werden. Täter und Opfer sind bereits jetzt nicht mehr in der Lage, die Situation selbst zu lösen. Als **Maßnahmen** eigenen sich Gespräche mit den Beteiligten, **Streitschlichter Konzepte, Mediation, Klassenrat.** Es reicht nicht, solche Maßnahmen im Schulprofil zu verankern. Schüler und Lehrer müssen dafür ausgebildet sein und es muss die Bereitschaft der Schule oder zumindest einzelner Lehrer und die der beteiligten Schüler zur Veränderung vorhanden sein. Und dann müssen Taten folgen!

1.6.2 Phase 2: Mobbing etabliert sich

> *„Ein Konflikt kann deswegen zu Mobbing werden, weil er sich dazu entwickeln darf. Irgendeine Anhäufung von Persönlichkeitsmerkmalen führt aber nicht zu Mobbing!“ (Watzlawick, Bavelas and Jackson, 2011)*

Wenn ein Konflikt nicht ausreichend gelöst wurde, verlagert er sich von der Sachebene auf die Beziehungsebene (Watzlawick, 2005) und wird zu einem personifizierten Konflikt. Psychoterror und Mobbing konzentrieren sich auf eine Person, das Opfer. Erkennbare Mobbinghandlungen sind in dieser Phase Ignoranz, direkte Angriffe, Tuscheln hinter dem Rücken, Streiche spielen, sexuelle Belästigung. Im weiteren Verlauf verändert sich der Betroffene stark. Die psychische Verfassung wird immer schlechter, das Selbstvertrauen wird gestört, Stresssymptome stellen sich ein, nackte Existenzangst kommt auf, das Opfer gerät in ein

Verteidigungsverhalten. Zu diesem Zeitpunkt benötigt das Opfer Unterstützung durch das soziale Umfeld. Da sich das Opfer aber bereits verändert hat, wird die Hilfe von den Mitschülern abgelehnt. Ausgrenzung und Isolation sind die Folge.

Eltern sind in dieser Situation ratlos und neigen zum Bagatellisieren: „das ist doch nicht so schlimm, das wird schon wieder, das geht wieder vorbei". Bitte nehmen Sie zur Kenntnis:

Für das Opfer, also für ihr Kind ist das schlimm, von alleine wird es nicht wieder, es geht nicht vorbei!

Interventionsmaßnahmen müssen jetzt ergriffen werden und das ist primär die Aufgabe der Schule!

1.6.3 Phase 3: Die Eskalation

Das Gefühl der Ohnmacht wächst und was das Opfer auch tut, die Anderen schreiben die Spielregeln vor. Typische Handlungen in dieser Phase sind:

- Verstöße gegen das Recht gehört zu werden.
- Sich weigern, Mitteilungen entgegen zu nehmen.
- Bewusste und absichtliche Verleumdung.
- Absprachen hinter dem Rücken des Opfers.
- Beleidigungen, obszöne Beschimpfungen, abwertende Spitznamen
- Augenverdrehen, Aufstöhnen, Gesicht verziehen

In dieser Phase müssen sich die die Lehrer und die Schulleitung der Sache annehmen. Unzählige Eltern berichteten immer wieder, dass das Opfer von der „Schule" als Störer empfunden wird, der „entfernt" werden muss – eine grobe

Fehleinschätzung. Ziel ist die „Versetzung" des störenden Mitschülers mit allen Mitteln z.B. an eine andere Schule oder an eine andere Schulart. Eine Versetzung des Mobbingopfers bedeutet aber nicht zwangsläufig einen Neuanfang oder eine bessere Chance, wie man Eltern gerne glaubhaft machen will. Ein Kind, dessen Selbstbewusstsein sowieso schon am Boden ist, wird es schwierig finden, sich in einer neuen Gemeinschaft seinen Platz zu erobern, der nicht mehr mit der Opferrolle verbunden ist.

Vereinzelt kommt es zu Rechtsbrüchen durch die Schulleitung und/oder Lehrer. Erneute Schikanen, Demütigungen und Ungerechtigkeiten führen dazu, dass sich die psychischen Belastungen für das Opfer vertiefen. Der authentische Fall H. (April 2009) belegt, wie das Verhalten der Schule aussehen kann.

Fallbeispiel: Der Fall H.

... Bei uns ist mittlerweile der Eindruck entstanden, dass dem Herrn Rektor T (Schulleiter meines Sohnes Peter) jedes Mittel recht ist, um unseren Sohn auf die Sonderschule zu verfrachten. Wir haben den Verdacht, dass er damit der hetzenden Elternschaft einen Gefallen tun möchte, um zu verhindern, dass unser Sohn Peter mit denselben Klassenkameraden auf eine weiterführende Schule kommt.

Von einer Lehrperson wurde uns schon nahe gelegt, unseren Sohn möglichst in einer anderen Schule unter zubringen. Ein Indiz seiner Vorgehensweise ist folgende Tatsache:

Er versuchte zunächst meinen Sohn auf die Förderschule mit einem Antrag L zu bringen, was er eine förderdiagnostische Maßnahme nannte, ohne uns darüber aufzuklären, dass es sich dabei um eine Förderschule handelt.

Auf unseren Einspruch hin, leitete er eine Überprüfung auf Förderbedarf E(erziehungsschwierig) ein.

Eine von der Schule unabhängige psycho-logische Untersuchung ergab bei Peter eine Hochbegabung. [11]

Typisch ist in diesem Fall, dass einem gewissen Elterndruck nachgegeben wird, der bewirkt, dass das Opfer weichen muss. Generell gibt es immer noch Schulen, die aus welchen Gründen auch immer lieber das Opfer ruhigstellen und abschieben durch folgende schulische Mittel:

- Schulverweis,
- Überprüfung auf Förderungsbedarf **L**(ernbehinderung),
- Überprüfung auf Förderungsbedarf **E**(rziehungsschwierig),
- Überweisung an eine Förderschule (gerne auch bei ADS/ADH und Hochbegabung),
- Heimeinweisung.

Das Mobbingopfer bzw. dessen Eltern können sich zwar beschweren oder Einspruch erheben, aber es wird ihnen schwerfallen, Mobbinghandlungen bei der Schulaufsichtsbehörde oder in einem Gerichtsprozess vorzutragen und zu beweisen. (s. Leymann, 1993) Ein Einspruch seitens der Eltern hat zudem keine aufschiebende Wirkung. Im Klartext heißt das, dass die

---

[11] Schueler-Mobbing, *Originaldokumente liegen dem Autor vor.*

Überprüfungen auch gegen den Willen der Eltern durchgeführt werden.

Im Dezember 2006 wurde von den Vereinten Nationen die so genannte Behindertenrechtskonvention (Originaltitel: "Übereinkommen über die Rechte von Menschen mit Behinderungen") verabschiedet. Durch das Unterzeichnen dieser Konvention verpflichten sich die Vertragsstaaten, in allen gesellschaftlichen Bereichen Bedingungen zu schaffen oder weiterzuentwickeln, die die Interessen und Bedürfnisse von Menschen mit Behinderungen berücksichtigen.

Die UN-Konvention ist seit dem 26. März 2009 für alle Bundesländer in Deutschland gültig. Die Umsetzung der Forderungen der UN-Behindertenrechtskonvention stellt eine große Herausforderung für die Bildungspolitik der Länder dar. Da auch der Bundesrat, also die Vertreter der deutschen Bundesländer, die Konvention unterschrieben hat, stellt sie trotz der Bildungshoheit der Länder den verbindlichen Rahmen für die rechtlichen Regelungen des Bildungssystems dar.

Die inklusive Schule ist vom Grundsatz her eine Schule, die allen Kindern und Jugendlichen, ungeachtet ihrer individuellen Voraussetzungen oder ihrer aktuellen Lebenslagen, gleiche Bildungschancen eröffnet. Dies erfordert ein ausreichendes Maß an Individualisierung. Immer mehr Schulen nehmen die Heterogenität ihrer Schülerschaft inzwischen bewusst wahr und reagieren darauf mit veränderten Lernarrangements. Schulen, die in den letzten Jahren Schulpreise erhielten sind zu einem überwiegenden Teil integrative Schulen mit einem bemerkenswert hohen Anteil behinderter Kinder und Jugendlicher bzw. sehr stark heterogenen Lerngruppen.

Eine inklusive Schule ist - kurz gesagt - nichts anderes als eine gute Schule für alle Kinder! (Vgl. Christine Demmer. Schule anders denken, gestalten und evaluieren. Eine Vergleichsstudie. Montag Stiftung >Jugend und Gesellschaft 2011) Insofern ist die Forderung nach inklusiver Schulentwicklung keine neue Herausforderung, sondern vielmehr eine Präzisierung des gemeinsamen Anliegens von Lehrkräften, Erziehern, Eltern und Bildungspolitikern: nämlich, die Schule kontinuierlich besser zu machen - für alle Kinder.

Eine Überpfrüfung auf sonderpädagogischen Förederbedarf ist sicher notwendig, aber nicht deswegen, dass man so einen Schüler abschieben kann, sondern dass man Wege findet, ihn im Sinne der Behindertenrechtskonvention zu „inkludieren“.

1.6.4 Phase 4: Der Ausschluss

Mit fortgeschrittenen Mobbingverläufen suchen immer mehr Betroffene ärztliche und/oder psychologische Hilfe. Eisenberger (Eisenberger and M.D, 2006) konnte mit Hilfe der Kernspintomographie nachweisen, dass Menschen, die auf für sie unverständliche Weise aus einer Gemeinschaft ausgegrenzt und ausgeschlossen wurden, nicht nur psychologisch sondern auch neurobiologisch mit einer Aktivierung des emotionalen Schmerzzentrums reagierten. **Die empfunden Schmerzen sind echt und nicht bloß eingebildet!**

Psychische Faktoren, unter anderem hoher Stress in der Schule, haben einen erheblichen Anteil an der Entstehung von Krankheiten wie Neurodermitis, Schuppenflechte, Asthma, Magengeschwüre oder Herzinfarkte (vgl. Bauer, 2007 S31 ff). Häufig werden die Ursachen in der Familiengeschichte des Mobbingbetroffenen gesucht. Das kann durchaus eine Rolle spielen, führt aber oft dazu, dass der Mobbingpatient glaubt, er sei an seiner Situation selbst schuld. Ohne professionelle Hilfe geht es oft nicht mehr, allerdings **ohne Veränderung** der schulischen Situation sinken die Chancen auf Verbesserung drastisch.

1.6.5. Phase 5: Endstation

Viele Schüler reagieren in dieser Phase mit immer schlechteren Noten, Versagensängsten bis hin zu geringer oder keiner mündlichen Beteiligung am Unterricht und Schulschwänzen. Durch die oft jahrelangen Schikanen und Diskriminierungen wird die Situation für den Betroffenen untragbar und er zieht daraus die Konsequenz der „inneren" Kündigung. Langfristige Krankschreibungen aufgrund psychosomatischer Krankheiten, bis hin zur Zwangseinweisung in eine psychosomatische Klinik kommen vor.

Alle Formen des Ausschlusses von der Schule weisen nach Leymann den gleichen Effekt auf: Ein Mobbingopfer in dieser Phase hat kaum noch eine Chance auf Wiedereintritt in eine neue Schulklasse, da sich die Vorgeschichte kaum verheimlichen lässt. Das bedeutet, dass ein Schulwechsel nur zu etwa 50% erfolgreich verläuft.

Was der Betroffene auch immer unternimmt, um sich zu retten, es sind die anderen, die einseitig darüber urteilen, ob er wieder aufgenommen wird oder nicht. (Leymann, 1993)

1.6.6 Kritische Betrachtung des Phasenmodells

Die Aufteilung des Mobbingverlaufs in getrennte Phasen bei Leymann stellt einen linearen, ansteigenden Prozess dar. Viele Mobbingopfer berichten, dass sie den Beginn des Mobbings nicht mehr feststellen können. Phase 1 findet häufig nicht statt. Die Grenzen zwischen Phase 2 und 3 und Phase 4 und 5 sind fließend oder verschmelzen zu einer Phase.

Bei von Mobbing betroffenen Schülern treten zunächst erste Stresssymptome, Schulangst, längere Phasen der Erkrankung, Misstrauen, Depressionen bis hin zu Selbstmordversuchen auf. Opfer erleben in der Regel keinen Ausschluss aus der Schule, es sind eher die Eltern, die glauben das Problem durch einen Klassenwechsel oder einen Schulwechsel lösen zu können.

Zusammenfassend kann man feststellen, dass Mobbing als kollektives Phänomen einer Eigendynamik unterworfen ist. Je länger die Mobbingerfahrungen dauern, desto mehr festigen sich bestimmte Mobbingrollen. Dadurch wird klar, dass ohne die Möglichkeit dem Mobbing-Prozess entrinnen zu können (es besteht Schulpflicht) systematisches Mobbing in der Schule vor allem für die Opfer aber auch für die Täter gravierende negative Folgen hat. Das wird im folgenden Beispiel klar, in dem „Phoenix“ Opfer wird und das Mädchen die Schule verlassen muss.

Fallbeispiel: Phoenix

In meiner Klasse war ein Junge der in der 6 Klasse zu uns gestoßen ist. Er fiel nicht so besonders auf, aber nach einiger Zeit, und durch einen weiteren Jungen aus unserer Klasse(der später von der schule geflogen ist) wurde er immer „cooler“. Das heißt er schloss sich mit „coolen“ zusammen und machte andere fertig. Zog sich auch entsprechend so an (baggies, nen cap und sowas halt). Eigentlich war er ja ein ganz netter typ, aber durch die anderen blieb sein nettes, inneres wie durch eine dicke stahlmauer verborgen.

Ich wurde eigentlich nie gemobbt. Doch plötzlich kahm ich in das schusslicht von ihm. einfach so. Ich denke es war deswegen weil ich nicht immer mit ihm einer meinung war und die manch anderen verteidigt habe, die unter ihm gelitten haben. Also wurde ich selbst zum opfer ernannt. Es folgten beispiele aus dem unterricht. Bleistifte wurden mir ziemlich hart an den kopf geworfen,auch von den anderen jungs ,da die das offensichtlich lustig fanden.

Sowie fieses Mobbing egal wo ich war. Ich wurde runtergemacht... vor allen. Als ich mich dann entschloss mich zu wehren, wurde alles nur noch schlimmer .Sogar ein Junge mit dem ich mich eigentlich sehr gut verstand in der zeit, reagierte agressiv wenn ich ihn ansprach. ein beispiel: halt die fresse,was willst du denn??. Obwohl ich ihm nichts getahn habe...aber ich denke jeder der das jetzt gelesen hat weiß, das das gruppenzwang war.

Jetzt zum schlimmsten Teil. Ich hatte mir eine neue Jacke gekauft. Ich zog sie am nächsten tag an, und durfte womöglich die schlimmste erfahrung machen die ich bisher in meinem leben hatte.

wir hatten nach der 5 std. schluss, da ein fach ausgefallen war. alle gingen runter um auf die busse zu warten, auch ich als er mich sah fing er wieder an, mich heftig vor den anderen fertig zu machen

Er hatte etwas zu trinken dabei, etwas süßes und klebriges..er schüttete alles auf mich herab. alles. Ich war so sauer , ich hätte heulen können. innerlich war ich am ende. alle lachten mich aus, sogar meine freundinen hielten nicht zu mir.. ich hatte so einen kloß im hals und hätte dabei fast meine freundin geschlagen. stinkend und nass saß ich im bus nach hause.

an miner bushaltestelle angekommen, bekahm ich einen heulkrampf und konnte garnicht mehr aufhören, zuhause gings dann weiter.ein Paar monate später ist er von unserer schule gegangen.[12]

Das Beispiel zeigt: Innerhalb einer Klasse bildet sich eine stark hierarchische Struktur heraus. Jeder hat seine Position, die er nicht nur erwerben, sondern auch verteidigen muss. Um innerhalb dieser Struktur und des sich dadurch entwickelnden gruppendynamischen Prozesses nicht selbst Opfer zu werden, sind Schüler gezwungen, immer wieder ihre eigenen moralischen Grenzen zu überschreiten. Wer sich auf der Täterseite aktiv am Mobbing beteiligt, läuft am wenigsten Gefahr, selbst Opfer zu werden. Schüler geben dies häufig als Grund an, warum sie sich am Mobbing beteiligt haben.

1.7 Interventionspflicht der Schule

Es ist naheliegend, dass dieser permanente Stress sowohl die emotionale, wie auch die soziale Entwicklung der Kinder einschränkt und als Folge davon gravierende Lernschwierigkeiten der Kinder und Jugendlichen entstehen können.

---

[12] Schueler-Mobbing, *Forum,* http://www.schueler-mobbing.de/mobb/modules/newbb/viewtopic.php?topic_id=1044&forum=1.

In der Verantwortung gegenüber den Kindern und Jugendlichen ist es ist also höchste Zeit, intensiv gegen Mobbing in der Schule vorzugehen. Die Reaktion der Lehrkräfte ist entscheidend dafür, ob sich eine Mobbingsituation festigt oder auflöst. Wird nur halbherzig oder gar nicht reagiert lernen die Schüler:

Mit aggressiven Mitteln kann ich als Täter meine Ziele erfolgreich durchsetzen. (Jannan, 2010)

Die Opfer reagieren mit Hilflosigkeit und erfahren zunehmenden Kontrollverlust über ihre Situation. Die Erkenntnis heißt: „Als Opfer habe ich keine Hilfe vom Lehrer zu erwarten".

Will man Mobbing stoppen, so zeigen die Forschungsergebnisse, dass mit fortschreitender Zeit ein erfolgreiches Eingreifen immer schwieriger wird. Ein Eingreifen kann nur aus dem gesamten System heraus erfolgen, da die Struktur des Systems Schule Mobbing überhaupt erst möglich macht. **Mit einer einseitigen Täter Opfer Zuweisung wird man das Problem nicht lösen.** Es muss also sowohl auf Klassen, als auch auf Schulebene für einen toleranten und prosozialen Umgang gesorgt werden. Als verantwortliche Aufsichtspersonen innerhalb der Schule haben in den Klassen die Lehrer und auf Schulebene neben den Lehrern auch die Schulleiter, den größten Einfluss auf die Werteorientierung und somit das Verhalten der Schüler. Nehmen wir also das Anliegen von „emo92" ernst, die in einer Email (März 2010) schreibt:

ich werde qemobbt nur weil ich mich ritze ich bin gestört ich gehöre in die klappse sie schreien zu mir emo nur weil ich diesen style mag bitte helft mir danke! [13]

---

[13] Schueler-Mobbing, *Forum,* Email an: info@schueler-mobbing.de.

Weiterführende Literatur

Bauer, Joachim. (2007): Das Gedächtnis des Körpers: Wie Beziehungen und Lebensstile unsere Gene steuern. 9th ed. München: Piper.

Bauer, Joachim. (2007): Warum ich fühle, was du fühlst: Intuitive Kommunikation und das Geheimnis der Spiegelneurone. 4th ed. München: Heyne.

Eisenberger, N.I &. L. and M.D. (2006): Early family environment, current adversity, the serotonin transporter promoter polymorphism, and depressive symptomatology. S 294-300: eScholarship, University of California.

Esser, Axel, and Wolmerath, Martin. (2008) Mobbing: Der Ratgeber für Betroffene und ihre Interessenvertretung. 7th ed. Frankfurt am Main: Bund-Verl.

Holtappels, Heinz G. (2009): Forschung über Gewalt an Schulen: Erscheinungsformen und Ursachen, Konzepte und Prävention ; 5th ed. Weinheim: Juventa-Verl.

Leymann, Heinz. (1993): Mobbing: Psychoterror am Arbeitsplatz und wie man sich dagegen wehren kann. Reinbek bei Hamburg: Rowohlt Taschenbuch Verlag.

Leymann, Heinz. (1995): Der neue Mobbing-Bericht: Erfahrungen und Initiativen, Auswege und Hilfsangebote. Reinbek bei Hamburg: Rowohlt.

Lorenz, Konrad. Das sogenannte Böse: Zur Naturgeschichte der Aggression. 25th ed. München: Dt. Taschenbuch-Verlag

Olweus, Dan. (1993): Bullying at School: What We Know and What We Cando: Blackwell Publishers.

Olweus, Dan. (2006): Gewalt in der Schule: Was Lehrer und Eltern wissen sollten - und tun können. 4th ed. Bern: Huber.

Watzlawick, Paul. **(2005):** Wie wirklich ist die Wirklichkeit? Wahn, Täuschung, Verstehen. München,Zürich, Piper.

Watzlawick, Paul, Bavelas, Janet Beavin, and Jackson, Don D. (2011): Menschliche Kommunikation: Formen Störungen Paradoxien. 12th ed. Bern: Verlag Hans Huber.

2

Mobbingbegünstigende Faktoren

2. Gründe und Faktoren, die Mobbing in der Schule begünstigen.

Es scheint so, dass Mobbing als Entlastungsventil für Aggressionen notwendig ist. Diese sind schließlich in der Schule entstanden z.B. wegen Lehrer-Entscheidungen, die nicht akzeptiert werden konnten oder wegen provozierenden Äußerungen von Mitschülern. Das Lehrerverhalten entscheidet darüber, ob beim Versuch mit einer Mobbingsituation fertig zu werden, die Aggressionen zunehmen oder das Problem gelöst werden kann.

Leymann (1993) nennt in seinen Untersuchungen weitere Gründe: den Angriffen liegt eine persönliche Feindschaft zugrunde, es besteht eine hohe Unzufriedenheit mit der Schulsituation, ein Mitglied einer Gruppe soll zur Anpassung an die von der Mehrheit aufgestellten Forderungen gezwungen werden, sowie Neid, Ängste, Diskriminierungen von Frauen und Behinderten, Ausländerfeindlichkeit.
Mobbingbegünstigende Faktoren entstehen

- durch die Rolle des Lehrers,
- aus dem Bereich „Schulklima",
- aus dem Bereich „Lernklima",
- durch die Schulorganisation bzw. Schulleitung.

2.1 Mobbingbegünstigende Faktoren durch die Rolle des Lehrers.

Wie schon angedeutet, spielen Lehrer eine wesentliche Rolle bei Mobbingprozessen. Lehrer fühlen sich oft überfordert, wenn sie mit schwierigen oder schwachen Schüler zurechtkommen sollen. Die Klassen sind groß, die Schüler nehmen sich Rechte heraus, die ihnen nicht zustehen. Häufig kommt es zu Fehleinschätzungen von Konfliktsituationen. Schon während des Studiums werden die Lehrer nicht ausreichend genug auf die Praxis vorbereitet und somit entscheidet im Schulalltag das pädagogische Geschick des einzelnen Lehrers. Grundsätzlich müssen alle, die an der „Gewaltaktion" beteiligt waren, angesprochen und in die Problemlösung miteinbezogen werden. Auch wenn sich der Lehrer zunächst einem betroffenen Schüler intensiver zuwenden muss, sollten alle Beteiligten gleichberechtigt gesehen werden. **Es darf keine vorschnelle Opfer-Täter-Zuordnung erfolgen.**

Fallbeispiel Einseitiges Lehrerverhalten

Mein Sohn ist 11 Jahre alt und ein sog. "Hochbegabter" ... Allerdings war er von Beginn der 1. Klasse immer der Klassenbeste. Er hatte sich das Lesen selbst beigebracht und wurde deshalb bereits an seinem 2. Tag in der Schule von seiner damaligen Klassenlehrerin angegangen: ***"Was soll denn das ? Du machst den anderen ja nur Angst !!"***
Diese Äußerung könnte als Überschrift über seiner bisherigen Schulkarriere stehen Er übersprang nach wenigen Wochen die 1. Klasse. In der 2. Klasse hatte er sehr schnell den Wissensrückstand aufgeholt und schob sich an die Spitze. Als "Kleiner" war er aber von Anfang an nie akzeptiert, sondern hatte immer einen starken Block gegen sich. Als in der 3.Klasse die Lehrerin wechselte und er eine neue, junge "Karrierefrau" (was man halt so "Karriere" nennen mag....) kam, nahm diese sofort Partei für die Schlusslichter der Klasse. Diese fühlten sich vom der verbalen Kraft unseres Sohnes "geärgert", ***deshalb sei es ganz normal, dass er in jeder Pause verkloppt werde.*** *Nach*

vielen - völlig sinnlosen - Gesprächen führte dies kurz vor Ende des Schuljahres zu einem erneuten Klassenwechsel[14]

Der Lehrer sollte sich in seiner Empörung über das Verhalten von Schülern nicht vorschnell zu Drohungen, Ankündigungen von Strafmaßnahmen oder o.g. Feststellungen hinreißen lassen. Diese könnten sich später bei genauerer Betrachtung des Konflikts als unangemessen oder sogar als falsch erweisen. Beim Eingreifen in einen Konflikt ist es daher wichtig, *sich alle weiteren Schritte* offen zu halten und erst nach genauer Prüfung der Situation das weitere Handeln zu planen.

Schule und Verhalten von Lehrern ist ein Thema, bei dem jeder mitreden kann. Jeder kann aus seiner Schulzeit Geschichten erzählen, über die persönlichen Eigenarten „seiner" Lehrer. Typische Berichte mit Mobbing begünstigendem Lehrerverhalten sind:

- Lehrer stellen immer wieder einen Schüler bloß, dadurch dass der Schüler vor der ganzen Klasse abgefragt wird oder an der Tafel unfreiwillig eine Aufgabe lösen muss.
- Ein Lehrer fragt immer dann nach einer Antwort, wenn er weiß, dass der Schüler keine Antwort geben kann oder das Gegenteil: der Schüler wird regelmäßig übergangen, wenn er sich selbst meldet.
- Beliebt sind Andeutungen zu den Eltern bzw. Mutmaßungen über die häuslichen Verhältnisse: Es wird ständig kritisiert und dadurch Druck ausgeübt. Der Schüler bekommt Noten, die nicht der Leistung entsprechen. Das Lob, das ein „Kind" verdienen würde, erhalten andere Mitschüler.

[14] Mobbingblog:, *Weblog,* http://blog.schueler-mobbing.de/2007/06/13/was-soll-denn-das-du-machst-den-andern-ja-nur-angst/.

Probleme werden ignoriert, weggeredet, als nicht existent dargestellt. Den Eltern gegenüber macht man unwahre oder übertriebene Aussagen über das Kind. Hilfe wird verweigert. Wenn die pädagogischen Fähigkeiten unterentwickelt sind, wird Gewalt angewendet. Dazu gehören überfallartige Kurzprüfungen, Bedrohung mit schlechten Noten, öffentliches Bekanntgeben von Zensuren vor der ganzen Klasse.

Mit großem Unbehagen erinnere ich mich an die „Überfälle" einiger meiner Lehrer. Hatte die Klasse einen gewissen Grad an Unaufmerksamkeit erreicht, dann fielen häufig die magischen Worte „DIN A4 Blatt rauf, Namen, Datum drauf, wir machen einen Kurztest". Jeder kennt das aus seiner eigenen Schulzeit. Wenn das auch nicht geholfen hat, dann kamen die Erziehungs- und Ordnungsmaßnahmen des Schulgesetzes, die die Schule als Strafanstalt erscheinen ließen. Und das ist heute noch so. „Die Klasse ist ein Spiegel des Lehrers" oder „Wie man in den Wald hineinruft schallt es zurück". Bei solchem Lehrerverhalten, entwickelt sich eine Eigendynamik in einer Klasse, die so ausarten kann, dass sich einzelne Schüler, eine Gruppe oder die ganze Klasse mit dem Ziel „zusammenrottet", einen Mitschüler als „Aggressionsventil" zu missbrauchen oder gar den Lehrer „fertigzumachen".

Doch auch hier gibt es bei gleichem Lehrerverhalten Ausnahmen: „Eugen" war nicht nur mein Sportlehrer, sondern ich hatte in der 6. Klasse auch Mathematik bei ihm. Er liebte es zu Beginn einer jeden Mathematikstunde 5 Minuten Kopfrechnen mit uns zu machen. Das Ergebnis musste derjenige Schüler sagen, den er namentlich aufrief. Wusste ein Mitschüler das Ergebnis nicht oder falsch, bekam er mit Kreide ein Kreuz auf die Stirn gemalt. Eugen kommentierte den Akt mit der Bemerkung „Ein Kreuz für meine Dummen."

Ein klassischer Fall von Lehrermobbing? Nein, er durfte das! Keiner hat ihm das verübelt und kein Schüler hat über den anderen gelacht. Bei jedem anderen Lehrer wäre ich vor Scham im Boden versunken oder hätte den Unterricht verweigert. Er war stets gerecht, geradlinig, berechenbar, weil konsequent in seinem Tun und er hat gelobt, wo Lob angemessen war, natürlich auch vor der ganzen Klasse. Er hat die Schwächen der Schüler nicht missbraucht sondern sich die Zeit genommen und es noch einmal erklärt, während die Mitschüler bereits Aufgaben lösten. Er hat uns mit seinen Kreuzen nicht beleidigt, sondern angespornt über uns hinauszuwachsen und unsere Grenzen zu erweitern.

Deswegen muss die Situation in der Schule genau geprüft werden, bevor Ihre Schlüsse in dem Satz gipfeln: „Mein Kind wird vom Lehrer gemobbt." Vielleicht ist der von Ihnen verdächtigte Lehrer auch ein „Eugen".

2.2 Die andere Seite – Lehrer als Opfer

Die meisten Lehrer leisteten hervorragende, hochqualifizierte Arbeit. Es gibt tolle Unterrichtskonzepte, bei denen Schule Spaß macht und der Lernerfolg groß ist.

Rund 800.000 Lehrer arbeiten in Deutschland mit ca. 9,5 Mio. Schülern. Sie erleben immer komplexere Probleme für die sie keinerlei Ausbildung erhalten haben. Trotzdem sollen sie Probleme erkennen, selbst lösen oder deren Lösung durch die zuständigen Stellen (Schulämter, Jugendämter) ermöglichen.

Wenn Lehrer keine Lösungen finden, beginnen sie nachhaltig Probleme zu ignorieren, zu Bagatellisieren oder ihre Handlungen mit Hilflosigkeitsbezeugungen oder einseitigen Ursachenzuschreibungen zu erklären. Manche wenden sich an Kollegen, die ihnen auf der Suche nach Bestätigung ihrer Hilflosigkeit Recht geben. Mit dem Betroffenheitsgrad wächst auch das Risiko, unlösbare Probleme für lösbar oder lösbare für unlösbar zu halten. In beiden Fällen sind die Folgen für die Gesundheit und die Leistungsqualität von Lehrern wie Schülern gravierend. (Sieland, Lehrerforum 2008)

Lehrer erfahren zu wenig Wertschätzung und Unterstützung seitens der Behörden und seitens der Eltern. Die Aufgabe ist anspruchsvoll und fordert enorm viel Energie. Die gegenseitige Wertschätzung ist eine Grundhaltung im Umgang miteinander, die das Arbeitsverhalten und die Arbeitsleistung positiv beeinflusst. Schaarschmidt (2005, S. 78 - 85) stellt fest, dass die empfundene emotionale und praktische Unterstützung die psychische und physische Verfassung verbessert, die Krankentage im Kollegium reduziert, die Beanspruchung durch Klassengröße und Stundenzahl erträglicher macht, das Klima im Kollegium positiv beeinflusst.

Kontraproduktiv dazu steht, wenn Schulleitungen einen gängelnden und misstrauischen Führungsstil mit geringer Wertschätzung pflegen. Dann wird das Einzelkämpfertum „zum Kampf jeder gegen jeden". Die Rahmenbedingungen für „Schule" werden durch Einsparungen - personell und finanziell - verschlechtert. Disziplinprobleme sind eine Folge. Sie anzugehen ist zum Teil heikel, weil Eltern sofort intervenieren und sich schützend vor ihr Kind stellen, immer häufiger mit dem Anwalt.

Durch geeignete Fortbildungsmaßnahmen könnten Lehrer lernen, die pädagogische Beziehung auf allen Ebenen fördernd zu gestalten.

2.3 Mobbingbegünstigende Faktoren aus dem Bereich „Schulklima“

Die Qualität der Beziehung zwischen Schülern und Lehrern ist also ein entscheidender Faktor für die Entstehung von Mobbing und Gewalt an Schulen. Eine eigene Onlineumfrage, die ich auf www.schueler-mobbing.de gemacht habe, belegt, dass Schüler Lehrer haben wollen, die:

gerecht sind, berechenbar sind, streng sind, ihre Meinung offen sagen, von denen man weiß, was sie denken, und die kritikfähig sind.[15]

Immer wieder ist das Erziehungsverhalten von Schulen äußerst einseitig, vor allem dann wenn Strafen als überwiegendes oder willkürliches Erziehungsinstrument eingesetzt werden. Betrachten wir einmal, die beliebtesten Ordnungsmaßnahme, die die Schulgesetze vorsehen und treffen eine Einschätzung.

2.3.1 Der schriftlichen Verweis oder Tadel.

Per Email habe ich dazu c.a. 1500 Schüler bundesweit aus dem Forum von Schüler-Mobbing befragt. Sie sollten möglichst im Wortlaut den erhaltenen Eintrag, Verweis, Tadel aufschreiben. Zudem wurden die Schüler auf freiwilliger Basis gebeten, die Wirkung dieser „Ordnungsmaßnahme“ zu kommentieren. Das Ergebnis war nicht überraschend und dennoch erschreckend, wenn man an die Konsequenzen aus diesen Einträgen denkt. Die Verfahrensweise ist äußerst unterschiedlich. Oft genug geschieht überhaupt nichts und die Schüler beginnen damit, schriftliche Verweise wie Bierdeckdeckel zu sammeln. Held ist derjenige, der

---

[15] Eigene Umfrage, http://www.schueler-mobbing.de/mobb/modules/xoopspoll/pollresults.php?poll_id=12.

am Ende des Schuljahres die meistens Einträge bekommen hat. Hier das Ergebnis:

1 Stört den Unterricht	20,59%
2 Kommt zu spät zum Unterricht	11,76%
3 geht o. Erlaubnis aufs Klo/verlässt den Unterricht	7,35%
4 isst/trinkt im Unterricht	6,62%
5 Hausaufgaben nicht gemacht	5,88%
6 redet im Unterricht	5,15%
7 kaut Kaugummi	4,41%
8 spucken/werfen von Papierkügelchen	4,41%
9 ist frech/respektlos	4,41%
10 hat kein Buch (Arbeitsmaterial) dabei	3,68%
11 verweigert Mitarbeit	3,68%
12 telefoniert mit dem Handy währen des Unterrichts	3,68%
13 kommt nicht zum Unterricht (Schwänzen)	2,94%
14 widerspricht dem Lehrer	2,94%
15 des Unterrichts verwiesen (steht vor de Tür)	2,94%
16 schreibt Zettel	2,21%
17 rauchen auf dem Schulgelände	1,47%
18 macht nicht mit	0,74%
19 kippelt (mit dem Stuhl schaukeln)	0,74%
20 sieht aus dem Fenster	0,74%
21 schmeißt mit Stiften	0,74%

Einträge können durchaus ein sinnvolles Instrument sein, wenn es darum geht, die schulische Ordnung herzustellen. Fatal wird folgende Regelung für die Schüler: bei 3 Einträgen gibt es ein Elterngespräch, bei 5 Einträgen erfolgt ein zeitweiliger Schulausschluss, im Wiederholungsfall auch kompletter Schulausschluss und **das durchaus bei Einträgen der Art 1-5!** Das Schulklima verschlechtert sich, es gibt keine oder nur eine kurzfristige Verbesserung. Wie können Lehrer nur glauben, dass durch o.g. schriftlichen Verweise eine positive Veränderung zu erzielen ist. Wenn Lehrer wirklich so hilflos sind, dass sie solche Einträge vergeben müssen, dann brauchen sie dringend Qualifizierungsmaßnahmen.

Schüler erleben diese Einträge nach ihren Angaben in der Umfrage als Willkürakte und Ausübung von Macht. Und weiter:

> *Schüler lernen dadurch, dass Ausübung von Macht ein geeignetes Mittel zum Erreichen von Zielen ist. (Janan Mustafa, 2008)*

Bei meiner 35 jährigen Abiturjahrgangsfeier hatten wir das seltene Glück Einsicht in die Wochenbücher unserer Klasse an unserem damaligen Gymnasium nehmen zu dürfen. Am interessantesten waren die Einträge in der rechten Spalte. Auch damals war der beliebteste Eintrag: „ … stört den Unterricht!“

2.3.2 Weitere Ordnungsmaßnahmen des Schulgesetzes

Jedes Bundesland hat in seinem Schulgesetz die so genannten Erziehungs-und Ordnungsmaßnahmen, die so oder ähnlich aussehen können:

- Nachsitzen bis zu vier Unterrichtsstunden,
- Überweisung in eine Parallelklasse desselben Typs innerhalb der Schule,
- Androhung des zeitweiligen Ausschlusses vom Unterricht,
- Ausschluss vom Unterricht bis zu zwei Unterrichtstagen,
- Ausschluss vom Unterricht bis zu vier Unterrichtswochen,
- Androhung des Ausschlusses aus der Schule,
- Ausschluss aus der Schule.

Die körperliche Züchtigung ist ausgeschlossen.

Nirgendwo in den Schulgesetzen ist das Wort „Strafe“ oder „Strafmaßnahmen“ zu entdecken. Ich bekomme jedes Mal ein unbehagliches Gefühl, wenn Eltern mir erzählen, dass ihr Kind eine Strafarbeit bekommen hat. Ich frage mich dann, ob die genannten Maßnahmen das passende Mittel sind, um Mobbing und Gewalt an Schulen zu unterbinden?

Vielleicht helfen ja Regeln! Zu zaghaft sind die berühmten Schul- oder Klassenregeln, weil sie zu wenig verbindlich sind. Eine Schulordnung, die sogar von Schülern und Eltern unterschrieben wurde nützt nur dann, wenn deren Einhaltung von Lehrern nicht oder nur ungenügend kontrolliert wird. Dasselbe gilt für Klassenregeln, die mit den Schülern erarbeitet wurden. Den Schülern müssen die Konsequenzen bei Verstößen bekannt sein und diese Konsequenzen müssen auch erfolgen. Eine einfache Ermahnung der Art „Wir haben doch Klassenregeln“ geht schlicht und einfach unter.

Diese Regeln haben Verbindlichkeit für alle Schüler und ebenso muss deren Einhaltung von allen in der Klasse unterrichtenden Lehrern kontrolliert werden. Regeln haben eine geringe Wirkung, wenn der eine Lehrer die Verstöße bestraft, während der andere wegschaut. Die Konsequenz ist klar:

> *Die Schule wird von den Schülern als nahezu rechtsfreier Raum erlebt, in dem jeder sich seine Regeln selbst machen kann!*

Es liegt auf der Hand, welche Regeln sich Mobber dann machen und ausführen würden – ungestraft!

Eine Studie von (**Ottlik,** 2005 MA). belegt meine eigenen Erfahrungen aus der Schulpraxis: Für einen erfolgreichen Umgang mit Mobbing ist eine Interaktion (wieder miteinander reden) und gegenseitige Unterstützung in der Lehrerschaft Voraussetzung. Denn um Mobbing erfolgreich bekämpfen zu können, müssen *alle* Lehrer einer Klasse an einem Strang ziehen, da sonst die Aggression der Täter nicht konsequent eingedämmt werden kann. Nur mit der Einigkeit aller Lehrer einer Klasse sind auch die Mitschüler aktivierbar, die im Mobbingprozess eine entscheidende Bedeutung haben Schäfer und Korn stellen fest: erst wenn sich die Mitschüler von ihren Lehrern geschützt fühlen, werden sie es wagen sich bei Mobbing gegen die Täter zu stellen. (**Schäfer & Korn**, 2004b)

Ihr Wissen und die Kompetenz im Umgang mit Mobbing müssen die Lehrer in Aus- bzw. Fortbildung erwerben. Ob sie aber ihre Kompetenz erfolgreich an den Schulen umsetzten können, liegt einerseits an den schulischen Rahmenbedingungen und andererseits in der Hand der Schulleiter. Deswegen geht die Forderung an die Schulaufsicht, die Auswahlkriterien für Schulleiter im Sinne von kompetenten (Krisen-) Managern zu erweitern.

Mangelhafte Lehrer-Schüler Kommunikation und inkonsequentes Handeln führen dazu, dass eine geringe Verbundenheit zur Schule entsteht. Dieses mangelnde „Wir-Gefühl" sorgt dafür, dass Sachbeschädigungen zunehmen und führt weiter dazu, dass sich Schüler für ihre Taten nicht mehr verantwortlich fühlen, vor allem dann wenn mehrere Mitschüler an einer Tat teilnehmen. Gleichzeitig verringern sich die Schuldgefühle, die Hemmschwelle sinkt gefährlich und ein Zusammenrotten gegen einen Mitschüler wird für die Gruppe unproblematisch. (Vgl. Konrad Lorenz und seine Beobachtung beim Gruppenverhalten von Gänsen)

Die Schule, aber auch Eltern und Erzieher sind gefordert, wenn Mobbing und Gewalt Einzug gehalten haben. Hier ein Auszug aus dem Forum von www.Schueler-Mobbing.de von einem ehemaligen Täter:

> *Warum aber haben Mobber Spaß am Mobbing? Es ist ganz einfach nur ein lustiges Spiel, ähnlich vergnüglich wie ein Kinobesuch, aber billiger zu haben. Sie haben mit Bedacht ein „Objekt" ausgewählt, das körperlich schwach, ängstlich, traurig oder einsam ist, von dem also keine ernsthafte Gegenwehr zu erwarten ist. Dafür ist es nach wenigen Malen so verstört, dass es selbst bei harmlosen Attacken mit Panik reagiert.*
> *Mobben ist darum einem Computerspiel vergleichbar, bei dem der Spieler nichts riskiert, mit geringem Aufwand (wie mit einem Mouseclick) jedoch eine ungeheure Wirkung erzielen kann.*
> *Außerdem ist Mobben ein „Gesellschaftsspiel", denn häufig ist es nicht ein, sondern mehrere Täter, die z.B. darum wetteifern, wer das Opfer am schnellsten zum Weinen bringt.*
> ***Solange die Täter nicht von selbst begreifen, wie menschenverachtend ihr Verhalten ist, und solange sie keine negativen Konsequenzen zu befürchten haben, solange werden sie keinen Grund haben, mit ihrem „Spiel" aufzuhören. Zur Vermittlung beider Tatsachen sind Eltern, Lehrer und Erzieher zuständig.*** [16]

---

[16] Schueler-Mobbing, *Forum,* http://www.schueler-mobbing.de/mobb/modules/news/article.php?storyid=141.

2.4 Mobbingbegünstigende Faktoren aus dem Bereich „Lernklima“

Nichts ist schlimmer, als ein langweiliger Unterricht ohne Bezug zur Lebenswelt. Oft genug fallen Sätze wie: „das Thema ist langweilig!, wozu brauch ich das?, das braucht doch kein Mensch!“ … Der Unterricht ist lehrerzentriert und wird durch Frontalunterreicht erteilt. Eine Langzeit Online Studie (Klett 2005, S72) belegt, dass solche Unterrichtsformen und –inhalte *unabhängig von der Schulart* Frust, Stress, Ungerechtigkeit, Eifersucht, Leistungsdruck und Selbstverteidigung erzeugen. Mädchen und Jungen unterscheiden sich in ihrem Aggressionsverhalten unwesentlich. Auslöser für Mädchen sind *Ungerechtigkeit* und *Stress*. Bei Jungen sind die beiden häufigsten Auslöser *Ungerechtigkeit* und *Selbstschutz*. Der Unterricht erfolgt zu wenig schülerorientiert.

Bereits in Grundschulen herrscht ein starker Leistungsdruck. Leistung - also gute Noten - zählt! Maßgebliche Ursache dafür ist der Druck der Eltern, entstanden aus dem Glauben, dass man heute mindestens einen Realschulabschluss braucht, um einen Ausbildungsplatz zu bekommen. *Stress und Leistungsdruck* sind von Schülern die am häufigsten genannten Ursachen für Mobbing und Gewalt. (Klett, 2005, S69) Verstärkt wird dieser Leistungsdruck durch die schulpolitischen Experimente der Landesregierungen: Reform der Gymnasialen Oberstufe (G8/G9), Studienreform (Diplom, Bachelor, Master), Ganztagesschule, Gesamtschule, Gemeinschaftsschule, Inklusion, Integrative Gesamtschule, Grundschule bis zur Klasse 6, Zusammenlegung Haupt-Realschule, Werkrealschule, um nur ein paar Experimente zu benennen. Der Leistungsstand wird immer geringer - die Schüler lernen weniger - was bei einigen Schülern zu Unterforderung und Langeweile führt. Die

„Verhaltenskreativität" nimmt ihren Lauf. Unterentwickelte oder nicht vorhandene Streitkultur, Konkurrenz im Unterricht und der damit verbundenen Neid, Ausgrenzung von Schülern, mangelnde Kommunikation führen insgesamt zu einem schlechten Klassenklima. Die Bildzeitung machte dazu eine Erhebung und mehr als 430000 Leser kamen zu denselben Ergebnissen.[17]

Hier ein paar der zwanzig Bild-Wahrheiten über die Schulen Deutschlands:

1. Die um sich greifende Erleichterungs- und Wohlfühlpädagogik bringt nichts. Schule ohne Leistung und Anstrengung geht nicht. Wir müssen unseren Kindern etwas mehr zutrauen und auch etwas mehr zumuten.
2. Längeres gemeinsames Lernen in einer verlängerten Grundschule bringt nichts.
3. Die Hauptschule ist keine Restschule, Hauptschüler sind keine Restschüler.
4. Die Debatte um Bildungsgerechtigkeit bzw. um unser angeblich ungerechtes Schulwesen ist nichts anderes als der sozialromantisch kaschierte Versuch, über die Schule Gleichmacherei zu betreiben.
5. Es muss Schluss sein mit dem dümmlichen Abitur-Quoten-Wettrüsten. Der Mensch beginnt nicht mit dem Abitur. Die internationalen „Abitur"-Vergleiche sind grundfalsch.
6. Wir lassen unsere Muttersprache bereits in der Schule verkommen.
7. Wir verzichten immer mehr darauf, von unseren Schülern konkretes Wissen einzufordern. Stattdessen schwafeln wir

[17] Bildzeitung, *Erhebung,* http://www.bild.de/BILD/politik/2011/03/08/bildungsumfrage-bild-serie-josef-kraus-chef-lehrerverband/zwanzig-wahrheiten-ueber-schule-in-deutschland.html. (download: 27.04.2014)

von Methoden-, Basis-, Horizontal-, Sozial- und Handlungskompetenzen.

8. Wir jagen unsere Schulen von einem Durchlauferhitzer in den nächsten und pflegen den Wahn, alles sei mit immer neuen Ideen von Schule machbar.
9. Die Politik versagt den Schulen notwendige Fördermöglichkeiten.
10. Die Schulpolitik hat in Sachen Personalplanung versagt.
11. Es gibt keine Bildungsoffensive ohne Erziehungsoffensive.
12. Die Autorität von Schule und Lehrern wird ständig madig gemacht.

2.5 Zusammenfassung Lehrer, Schule, Klima

Lehrer erfahren zu wenig Wertschätzung und Unterstützung seitens der Behörden und seitens der Eltern. Die Rahmenbedingungen für „Schule“ werden durch Einsparungen – personell und finanziell – verschlechtert. Für einen erfolgreichen Umgang mit Mobbing ist eine gegenseitige Unterstützung in der Lehrerschaft Voraussetzung. Die Qualität der Beziehung zwischen Schülern und Lehrern ist ein entscheidender Faktor für Mobbing und Gewalt an Schulen. Bereits in Grundschulen herrscht ein starker Leistungsdruck. Stress und Leistungsdruck sind von Schülern die am häufigsten genannten Ursachen für Mobbing und Gewalt.

Durch inkonsequentes Verhalten der Lehrer erleben Schüler die Schule als nahezu rechtsfreier Raum, in dem jeder sich seine Regeln selbst machen kann! Ein mangelndes „Wir-Gefühl“ führt zu einem abgeschwächten Gefühl eigener Verantwortung. Sachbeschädigungen nehmen zu.

Unterentwickelte oder nicht vorhandene Streitkultur, Konkurrenz im Unterricht und dem damit verbundenen Neid, Ausgrenzung von Schülern und mangelnde Kommunikation führen insgesamt zu einem schlechten Klassenklima. Nach wie vor wird starker Wert auf intellektuelles Lernen gelegt und die Förderung der so wichtigen Sozialkompetenz vernachlässigt. Langweiliger Unterricht ohne Bezug zur Lebenswelt, Lehrerzentriertheit und Frontalunterricht sind immer noch sehr gängige Unterrichtsformen. Solche Unterrichtsformen und -inhalte erzeugen Frust, Stress, Ungerechtigkeit, Eifersucht, Leistungsdruck, *den perfekten Nährboden für Mobbing.*

Weiterführende Literatur

Kasper, Horst. (1998): Mobbing in der Schule: Probleme annehmen, Konflikte lösen. Lichtenau, Weinheim ; Basel: AOL-Verl; Beltz.

Kasper, Horst. (2004): Konfliktmanagement. 2nd ed. Lichtenau: AOL-Verlag.

Kasper, Horst. (2008): Schülermobbing - tun wir was dagegen!: Klasse 5-13 ; Smob-Fragebogen mit Anleitung und Auswertungshilfe. 5th ed. Buxtehude: AOL.

Klett, Kristian. (2005) "Gewalt an Schulen." Dissertation, Köln. http://kups.ub.uni-koeln.de/volltexte/2006/1617.

Ottlik, Alexander. (2005)Inwieweit werden Lehrer, wenn sie mit Mobbing unter Schülernkonfrontiert sind, [...] beeinflusst. LMU München

Schäfer, Mechthild. (2004): Bullying als Gruppenphänomen: Eine Adaptation des »Participant Role« Ansatzes, 2004

Sieland, Bernhard. (2009): "Lehrergesundheit als Pflichtaufgabe angehender Lehrkräfte "Lehrergesundheit" in der Ausbildung der Lehrer/innen: 12–21.

Jannan, Mustafa. (2010): Das Anti-Mobbing-Buch: Gewalt an der Schule - vorbeugen, erkennen, handeln. Weinheim ;, Basel: Beltz.

3

Das Täterprofil

3. Was lässt einen Schüler zum Täter werden?

Neben den bisher genannten Faktoren Lernklima, Schulklima, Lehrerverhalten gibt es weitere Gründe, die dazu führen, ob ein Schüler zum Täter oder zum Opfer wird.

3.1 Erziehung

Die Ursachen für spätere Einstellungen und Verhaltensweisen werden in der frühen Kindheit angelegt und oft so ausgeprägt, dass sie später kaum korrigierbar sind. Sowohl friedliche als auch gewalttätige Handlungsmuster werden hier gefestigt und als Grundprogramme dauerhaft gespeichert. Auch das ist eine Form des Lernens, das so genannte Vorbildlernen.

Ständiges Wiederholen beim Lernen festigt das Wissen und so ist es auch hier: Spätere Gewohnheiten wirken als Verstärker dieser Grundprogramme. Ein geringfügiger Auslöser reicht dann um tätig zu werden – positiv oder negativ.

Gerald Hüther (Juni 2009), Neurobiologe und Hirnforscher kommt in seinen Untersuchungen zum Ergebnis, dass der Mensch mit zwei Grundbedürfnissen auf die Welt kommt: Das Bedürfnis nach Beziehung und das Bedürfnis nach Wachstum, die im Gleichgewicht sein müssen. Ist das nicht der Fall, kommt es zu „Ersatzbefriedigungen“ oder „unkontrolliertem Wachstum“.

Olweus (Mai 2008) ging in seinen Studien der Frage nach, welche Art von Erziehung oder welche anderen Bedingungen in der Kindheit zu aggressivem Verhalten führen. In seinen Untersuchungen stellte er im Wesentlichen 4 Faktoren fest, die das spätere Verhalten prägen.

1. Die emotionale Grundeinstellung der Eltern:
Eine negative Grundeinstellung, fehlende Wärme und fehlende Anteilnahme erhöhen das Risiko aggressiv und feindselig zu werden.

2. Toleranz und Liberalität:
Wenn dem Kind keine Grenzen gesetzt werden, das heißt, wenn die Bezugsperson freizügig und tolerant ist, erhöht sich aggressives Verhalten. Zu wenig Liebe und Fürsorge und zu viel Freiheit in der Kindheit sind gute Vorbedingungen für aggressives Verhalten.

3. Erziehungsmethoden:
Machtbetonte Erziehungsmethoden der Eltern durch körperliche Züchtigungen (Schläge) und heftige Gefühlsausbrüche (z.B. Anschreien, mit Gegenständen werfen) vermitteln den falschen Eindruck von „Grenzen setzen“ oder „seine Ziele erreichen“.

4. Das Temperament:
Ein Kind mit einem aktiven hitzköpfigen Temperament neigt eher dazu zu einem aggressiven Jugendlichen zu werden, als ein Kind mit ruhigem Temperament. In den ersten Lebensjahren entstehen die entscheidenden Denkmuster und Empfindungen bei Kindern, die sie prägen.

3.2 Elternverhalten

Das was sich als Gewalt in der Schule darstellt, ist oft nichts anderes als aus dem Elternhaus kopiertes und in die Schule übertragenes Verhalten. In einem Bericht der Enquete Kommission – Kinder in Baden Württemberg- (DR 11/3919, S141) werden konkrete Einflussfaktoren des Elternverhalten wie folgt aufgelistet. Die Kommission unterscheidet zwischen körperlicher und seelischer Gewalt.

Körperliche Gewalt:

Schlagen mit der Hand oder mit Gegenständen, stumpfe Schläge, Kneifen, Kratzen, an den Haaren reißen, Treten, Würgen, Drosseln, Gewaltsames Füttern. Verbrennungen mit Zigaretten oder durch Pressen gegen Heizungen oder Ofenplatten, Verbrühungen, Fesseln, Schütteln, Verrenkungen, Brechen von Rippenknochen, Vergiften, Hungern oder Dursten lassen, Erbrochenes oder Kot essen lassen oder Vorenthaltung von Nahrung.

Kennzeichnendes Merkmal körperlicher Gewalt ist die Handlung selbst, *das was den Kindern angetan wird* und nicht das Ergebnis, also der körperliche Schaden, den sie davontragen.

Seelische Gewalt:

Vernachlässigen, Alleinlassen in der Wohnung, Anbinden oder Fesseln an Möbelstücken oder Heizkörpern, Einsperren, Töten eines geliebten Haustieres, Ständige Beschimpfungen und Herabsetzungen, Nicht mit dem Kinde sprechen, es nicht mit am Tisch essen lassen, Miterleben lassen ständiger Auseinandersetzungen zwischen den Eltern, Miterleben lassen der Trunksucht eines Elternteils, Angstmachen, Überfordern, Ablehnen, das Selbstbewusstsein der Kinder beeinträchtigen, Demütigen, Liebesentzug, Überbehütung, Isolierung, Emotionale Ausbeutung.

Emotionale Misshandlung ist die ständige Gefühlskälte, die Feindseligkeit oder Ablehnung von Eltern oder Elternfiguren gegenüber dem Kinde. Die Persönlichkeit und der Selbstwert des Kindes werden in schwerwiegender Weise angegriffen und geschädigt. Typische Verhaltensweisen der Eltern und/oder Betreuer sind dabei:

Zurückweisen, Feindseligkeit, Ignorieren, Terrorisieren, Abwerten

Auch eine krankhaft intensive und überbeschützende Haltung von Eltern oder Erziehungsberechtigten kann als emotionale Misshandlung (oder auch emotionale Erpressung) gedeutet werden, ebenso die emotionale Ausbeutung, wenn z.B. ein Kind für das emotionale Wohlergehen der Eltern verantwortlich gemacht wird:

- sieh mal, wie du mich gereizt, geärgert hast,
- wegen dir habe ich jetzt... (Kopfweh, Stress, Bauchschmerzen usw.)
- du bist böse (und dein Bruder, Schwester ist lieb), weil...
- warum hast du ..... gemacht?

Körperliche und seelische Gewalt sind untrennbar miteinander verbunden. Seelische Gewalt kann nur jemand ausüben, der Einfluss auf junge Menschen hat. Das sind Eltern, Erziehungsberechtigte, nahe Verwandte, aber auch Erzieherinnen und Erzieher, Lehrerinnen und Lehrer die Druck ausüben können.

3.3 Gewalt in den Medien

Die Amokläufe haben es gezeigt: Nur allzu gerne würde man die „Schuld“ auf Killerspiele, Gewaltdarstellungen in Medien und im Internet, auf Chatrooms, Foren oder Communities schieben. Gewaltdarstellungen haben besonders dann schädigende Auswirkungen, wenn andere ungünstige Bedingungen

hinzukommen: familiäre Probleme, soziale Isolation, geringes Selbstwertgefühl, das Fehlen von Werten und Normen. Gewaltdarstellungen in den Medien sind zwar Risikofaktoren für das Auftreten von gewaltsamen Handlungen, aber nicht DIE Ursache.

Deswegen muss allergrößter Wert auf die Prävention gelegt werden. Dazu braucht man ausgebildete Fachkräfte, Pädagogen, Schulpsychologen oder andere kompetente Trainer und Berater. Doch die kosten Geld.

3.4 Ernährung

Gewalttätigkeit kann laut der Studie „Kinder in Baden Württemberg“ (Enquete Kommission, Drucksache 11/3919) auch durch falsche Ernährung mitbegründet sein. Erhöht oder verringert man die Konzentration von Substanzen im menschlichen Körper, die normalerweise im Körper vorhanden und für die Gesundheit erforderlich sind, entsteht ein *schädigendes Ungleichgewicht*.

Der rasante Anstieg des Zuckerverbrauchs oder die Zugabe von Farbstoffen und Konsistenzmitteln in Lebensmittel, insbesondere auch von Phosphaten, führe zu Vergiftungserscheinungen und Ablagerungen. Übermäßiger Zuckerkonsum bewirke nicht nur eine Beeinträchtigung körperlicher Gesundheit, sondern trage auch direkt zu Verhaltensstörungen, insbesondere zur Aggressivität bei. Phosphate bewirkten vor allem eine Hemmung der Noradrenalinausschüttung, in deren Folge eine erhebliche motorische Unruhe zu verzeichnen sei, die sehr wohl in Gewalttätigkeit umschlagen könne. Dies könne, so die Schlussfolgerung der Enquete Kommission, in der doppelten

Weise geschehen, dass überstrapazierte Eltern gegenüber diesen Kindern gewalttätig werden und dass Kinder, wenn andere, ergänzende Faktoren dazukommen Gewalt ausübten.

3.5 Täterprofile

So vielschichtig wie die Ursachen von Mobbing und Gewalt sind, so unterschiedlich können die Ausprägungen bei Tätern sein. Es gibt nicht den typischen Gewalttäter und deswegen ist das Erkennen auch nicht so einfach. Untersuchungen (Brinkmann, 2002, et. al.) unterscheiden unterschiedliche Täterprofile. Brinkmann unterscheidet folgende Typen:

Der Sadist
Er quält gerne und möchte die Opfer tief im Selbstwertgefühl verletzen. Besondere Merkmale des Opfers erkennt er sofort und diese lösen bei ihm einen Instinkt fürs Quälen aus. Wehrt sich das Opfer quält er es noch mehr.

Der Neider
Er möchte etwas haben was ein anderer hat. Er versucht durch Intrigen dem Opfer Schaden zuzufügen und erfreut sich daran, da so sein eigenes Leben wieder besser erscheint. Er ist sehr geschickt im Mobben und deshalb schwer zu erwischen.

Der Unterwürfige
Er geht Konflikten aus dem Weg und dient gehorsam seinen „Vorgesetzen“. Ist ihm jedoch eine Person unterlegen, zeigt er dies offen und „tritt nach unten“. Er reicht somit den von oben erhaltenen Druck nach unten weiter.

Der Machtmobber
Sein Ehrgeiz steht niemals still, er möchte vor allem Geld, Macht und Einfluss. Er terrorisiert und quält andere so lange bis sie ihm den Weg zum Ziel freimachen.

Der Wichtigtuer
Er verfügt über ein verzerrtes Selbstbild und möchte seine Wichtigkeit ständig beweisen. Im Mittelpunkt zu stehen bereitet ihm eine große Genugtuung.

Der Zufallstäter
Er ist aus einem oft harmlosen Konflikt als der Gewinner hervorgegangen und es liegt bei ihm ob ihm ein Sieg genügt oder ob er sein Opfer „fertig machen" will. Entscheidet er sich für letzteres, unterscheidet er sich im Verhalten nicht von dem der aktiven Mobber

Mitmacher und Sympathisanten
Hier gibt es laut Brinkmann aktive und passive Untertypen. Erstere unterstützen den Mobber, letztere schauen weg. Sie sind wichtiger Bestandteil im Mobbingprozess, da sie aktiv oder passiv mithelfen diesen zu ermöglichen.

Alle Typen haben eines gemeinsam: Durch systematische Wiederholung der Attacken werden in immer gleicher Weise dieselben Reaktionen des Opfers wie z.B. Hilflosigkeit, Angst, weinen oder schreien hervorgerufen. Auch wenn ein Opfer zwischendurch souverän auf die Attacken reagiert, sie ignoriert, den Täter einfach stehen lässt oder auslacht, besteht die Gefahr, dass das an der negativen Einstellung der Mitschüler nichts ändert, wenn die Attacken über einen längeren Zeitraum andauern.

Einmal gefasste negative Einstellungen bzw. Haltungen gegenüber dem Opfer unter Kindern und Jugendlichen lassen sich kaum verändern Der Täter erweitert seinen Handlungsspielraum, während das Opfer immer weiter eingeschränkt wird und nur noch seine „Opferrolle“ übernehmen kann.

3.6 Zusammenfassung Täterprofil

Leistungsversagen in der Schule, die Entfremdung von schulischen Normen und Werten, die Verflechtung in einer aggressiver Jugendkultur, machtbetonte Erziehungs-methoden der Schule oder des Elternhauses und positiv bewertete aggressive Vorbilder, z.B. aus den Medien, aber auch aus dem persönlichen Umfeld der Schüler, liefern den Stoff, aus dem die Mobber gemacht sein können. Sie kommen aus *allen sozialen Schichten* der Gesellschaft und *alle Schularten* sind davon gleichermaßen betroffen. Das Verhalten von Eltern spielt für das Vorbildlernen eine wichtige Rolle in beiden Richtungen, positiv oder negativ. Einerseits fehlt es im Elternhaus an liebevoller Wärme und Anteilnahme am Leben des Kindes. Die Beobachtung von Gewalt zwischen den Eltern kann die Gewaltbereitschaft bei Kindern erhöhen. Andererseits fehlen Kindern dringend nötige Grenzerfahrungen, wenn sie aus einem Elternhaus kommen, in dem sie nicht reglementiert werden. Das lässt sie in der Kindertagesstätte und in der Schule ebenso handeln.

Passive Gewalttäter bzw. Mitläufer entstehen durch eine Art „soziale Ansteckung“, wenn aggressive Vorbilder positiv bewertet werden. **Joachim Bauer** (Warum ich fühle was du fühlst, Heyne Verlag, 4. September 2006) erklärt die „soziale Ansteckung“ über die Neurobiologie als Resonanzfall der Spiegelneurone.

Meine eigenen Erfahrungen haben gezeigt: Täter haben häufig ein sehr impulsives Verhalten. (geringe Selbstkontrolle.) Die aggressive Durchsetzung ihrer eigenen Ziele steht im Vordergrund. Die Ausübung von Macht wird dabei oft als lustvoll empfunden und ist *das wichtigste Verhaltensmotiv.* Mobber können potenzielle Schwächen beim Opfer leicht erkennen, zeigen jedoch wenig Empathie (Mitgefühl) mit ihm. Sie sind sich ihrer eigenen "Stärke" bewusst. Sie geben häufig an, dass das Opfer sie mit seinem Verhalten provoziert habe. Ihre Möglichkeiten an Konfliktlösungsstrategien sind eher eingeschränkt oder unangemessen.

Weiterführende Literatur

Bauer, Joachim. (2007): Das Gedächtnis des Körpers: Wie Beziehungen und Lebensstile unsere Gene steuern. 9th ed. München: Piper.

Bauer, Joachim. (2007): Warum ich fühle, was du fühlst: Intuitive Kommunikation und das Geheimnis der Spiegelneurone. 4th ed. München: Heyne.

Bauer, Joachim. (2008): Lob der Schule: Sieben Perspektiven für Schüler, Lehrer und Eltern. München: Heyne.

Bauer, Joachim. (2008): Prinzip Menschlichkeit: Warum wir von Natur aus kooperieren. München: Heyne.

Brinkmann, Ralf D. (2002): Mobbing, Bullying, Bossing: Treibjagd am Arbeitsplatz ; Erkennen, Beeinflussen und Vermeiden systematischer Feindseligkeiten ; mit Tabellen. 2nd ed. Heidelberg: Sauer.

Enquete Kommission. Kinder in Baden Württemberg. Drucksache 11/3919. (Google 20.04.2014)

Hüther, Gerald,;„*Ohne Gefühl geht gar nichts- worauf es beim Lernen ankommt*“, DVD, Amazon.de, ASIN: B0030IK1Z8, Juni 2009

Olweus, Dan. (2006): Gewalt in der Schule: Was Lehrer und Eltern wissen sollten - und tun können. 4th ed. Bern: Huber.

4

Oper und Opferprofil

4.1 Wer sind die Opfer?

Nach Leymann (1993a) existiert zwischen der Persönlichkeit des Opfers und Mobbing kein unmittelbarer Zusammenhang. Opfer sein kann jeder, einfach so. Opfer kommen aus allen sozialen Schichten und das Mobbing durchzieht alle Schularten, aber auch die Arbeitswelt.

Empirischen Studien aus der Bullying-at-school Forschung (**Olweus, Dan**;Bullying at School, 1993 et. al.) ergeben die Vermutung, dass ein geringes Selbstwertgefühl dazu führt, dass man in eine Opferrolle gerät oder zum Täter wird. Als psychische Merkmale des „typischen Opfers" ergaben sich meist ängstliche, unsichere, empfindsame, vorsichtige und stille Schüler, die nur über ein begrenztes Selbstwertgefühl verfügten.

Ralf D. Brinkmann (2002) ist der Meinung, dass Schüler die „anders" sind, also von der Norm ihrer Umgebung abweichen, für Mobbing-Attacken gefährdeter seien als andere. Hierbei schließt er allerdings aus, dass das Opfer alleine dafür verantwortlich ist. Seine Theorie geht auf die Verhaltenstheorien von Irenäus Eibl-Eibelsfeld (zurück.

Die Verhaltensforschung von Eibl-Eibesfeldt (2004) belegt, dass fremde Artgenossen Flucht oder Angriff auslösen. Es ist dasselbe Verhalten, das Konrad Lorenz (1998) bei Wildgänsen entdeckte und das er Mobbing nannte. Es handelt sich hierbei um eine „Fremdenfurcht". Bei Menschen entsteht die Fremdenfurcht zwischen dem 6. und 9. Lebensmonat.

Alle Menschen sind sog. Signalträger, wodurch bestimmte Signale, bewusst oder unbewusst ausgesandt, bei anderen Menschen Angst und Aggressionen auslösen können. Eine besondere Form der Aggression ist die „Ausstoßungsreaktion“, die den Zweck hat, die von der eigenen Norm Abweichenden zu isolieren oder auszugrenzen. Davon Betroffen sind z.B. Kranke. Hier hat die Ausgrenzung eine Schutzfunktion, damit man selbst nicht krank wird.

In der Schule sind solche Ausstoßungsreaktionen gut zu beobachten. Gehört zum Beispiel das Tragen von Markenklamotten zur allgemein akzeptierten Norm, kann es leicht zu Hänseleien kommen: „Schau dich doch mal an“, „du siehst aus wie eine Schlampe“, „hast du die Klamotten aus der Altkleidersammlung“ und ähnliche Formulierungen.

Einer Person werden deswegen negative Charaktereigenschaften zugeordnet (dumm, stinkt, blöd, Streber), weil sie ein von der Norm abweichendes Verhalten oder Aussehen hat. Unter Norm versteht man hier die von einer Mehrheit in einer Lerngruppe, Klasse, Schule akzeptierten Meinungen, Einstellungen, Verhaltensweisen, die je nach Wohnort und sozialem Umfeld sehr unterschiedlich ausfallen können. In der Umgebung von einem Outlet – Center, in dem es Markenlabels auch für kleines Geld gibt, spielt das Tragen von Markenklamotten keine Rolle.

Weicht ein Schüler von der Norm ab, führt das unmittelbar zu einem negativen Umgang mit dieser Person. Das Opfer wird von der Gruppe als weniger Wert betrachtet und wird entsprechend behandelt. Das führt ganz nach dem physikalischen Prinzip von actio=reactio zu einer Beeinflussung des Opferverhaltens, bestätigt die Vorurteile der Gegner und die Terror-Spirale dreht sich weiter.

Unbeabsichtigte Signale des Opfers treten in Wechselwirkung mit der Wahrnehmung des Täters. Er hat eine bestimmte Sensibilität für bestimmte Merkmale des Opfers:

Äußere Auffälligkeiten, Stottern, Fettleibigkeit, geistige, körperliche Behinderungen oder Krankheiten, Hautausschlag, ADS, ADHS, Asperger Autismus

4.2 Das Opferprofil

Olweus (2006) klassifiziert das Opfer differenzierter und findet unterschiedlich Merkmale.

Persönlichkeitsmerkmale:
ängstlich, ungeschickt, Minderwertigkeitsgefühle, körperlich schwach, ist gern daheim und erfreut sich guter Familienbeziehungen, scheu, ungesellig, reagiert bei Attacken mit Schreien, kommuniziert schlecht,

Schulmerkmale:
positive Einstellung zur Schule, wenig Freundschaften, unterdurchschnittlich beliebt.

Familienmerkmale:
überbehütet, von der Familie abhängig, pflegt eine enge Beziehungen zur Familie, hat aber viel mehr Familienprobleme als unauffällige Schüler.

Physische Faktoren:
schwach, unfähig, sich zu wehren, wenig Energie, jünger und kleiner als der Täter, unterdurchschnittlich attraktiv.

Er teilt die Opfer in zwei Typenklassen ein, *passive Opfer* und *provozierende Opfer.* Passive Opfer sind körperlich schwächer, ängstlich und unsicher. Sie können nicht verstehen, was da mit ihnen geschieht und sie haben auch keine Instrumente um das Geschehen zu beeinflussen. Ihre Standardreaktion ist Weinen. Es ist zu vermuten, dass sie bisher erfahren haben, dass das persönliche Umfeld auf Weinen mit positiver Zuwendung reagiert. Bei Mobbing in der Schule geschieht das Gegenteil. Die Attacken werden verstärkt, die so erfahrene Zuwendung ist natürlich unerwünscht und Hilflosigkeit stellt sich ein.

Provozierende Opfer haben einen ausgeprägten Gerechtigkeitssinn und versuchen sich gegen die Übergriffe zu wehren. Die Täter sind häufig so geschickt, dass die Lehrer nicht erkennen, wie diese Schüler gesteuert werden. Die Reaktion des Opfers wird bemerkt und bestraft, so wie bei Nico:

Fallbeispiel Nico

> *Nico ist 11 Jahre alt und geht in die 5. Klasse einer Realschule. Er war ein sehr guter Schüler, hochsensibel, mit ausgeprägtem Gerechtigkeitssinn. Es begann harmlos, mit den üblichen Hänseleien. Wenn Nico sich meldete, lachte man über ihn, nannte ihn Klugscheißer, Besserwisser.*
> *Er zog es daher vor, sich im Unterricht nicht mehr zu melden. Die Mitschüler änderten daraufhin ihre Strategie und begannen ihn in der Pause auszugrenzen. Sämtliche Freundschaften wurden ihm von Mitschülern kaputt gemacht. Seinen Freunden drohte man Schläge an. Dann wurden ihm seine Schulsachen weggenommen oder beschädigt.*
> *Als man ihn körperlich attackierte und verletzte begann er sich zu wehren. Dabei gingen die Täter so geschickt vor,*

dass Nico von den Lehrern beim sich Wehren erwischt wurde.
Seine Beschwerden bei der Klassenlehrerin wurden nicht angehört, Sie unterbrach ihn sofort mit den Worten: „Ich will von dir nichts mehr hören“ und erteilte schriftliche Tadel und Strafarbeiten. Die Verletzungen von Nico wurden ignoriert, Mitschüler die gegen Nico sind befragt und ihnen geglaubt.
Als die Eltern das Gespräch mit der Klassenlehrerin suchten, lehnte die das ab. Stattdessen wurden die Eltern in die Gesamtlehrerkonferenz geladen und sahen sich mit der geballten Lehrermeinung konfrontiert:
„Nico hat keine Freunde, ***er*** *schließt sich aus,* ***er*** *müsste sich halt anpassen.* ***Er*** *ist selbst Schuld an seiner Situation und die Eltern sollen mit ihm zum Psychotherapeuten gehen.“*
Da in der Klasse keine Änderung eintrat wurden Nicos schulische Leistungen schlechter, was die Lehrer in ihrer vorgefassten Meinung bestätigt. Vor der ganzem Klasse wurde ihm gesagt: „Du bist ein Unruhestifter, ein Psycho.“
Über den Leistungsstand von Nico wurden die Eltern zu keinem Zeitpunkt informiert. Sie waren ahnungslos, lebten im Glauben, Nico sei ein guter Schüler, bis zum Halbjahreszeugnis. Das Elterngespräch verlief entsprechend. Nico habe kein Sozialverhalten und mache nur Ärger. Er würde die Mitarbeit verweigern - die angeblich zu 2/3 bei der Notengebung zählt, weswegen er grundsätzlich eine Note schlechter im Zeugnis bekam, als seinen schriftlichen Leistungen entsprach. Erste Andeutungen der Art „Nico gehört in die Förderschule“ wurden laut.
Die Eltern reagierten. Mit Nico wurde ein Intelligenztest gemacht: IQ 130 mit Spitzen weit in die Hochbegabung.

Die Psychologische Untersuchung ergab: Kein ADH, kein ADHS, kein (Asperger-) Autismus, hohe Sozialkompetenz, überdurch-schnittlich ausgeprägter Gerechtigkeitssinn, keine Auffälligkeiten im Verhalten. Die Kenntnisnahme (Annahme) beider Ergebnisse wurde von der Schule verweigert! Weitere Gesprächsversuche mit der Schule wurden von den Lehrern abgeblockt.[18]

Da solche „Irrtümer" immer häufiger vorkommen sei an dieser Stelle ein möglicher schulischer Lösungsansatz bzw. eine Vorgehensweise den Lehrern und Eltern zur Kenntnis gebracht.

1. Schritt: Erkennen und bewerten der Konfliktsituation

Da bei einem Konflikt eine emotionale Beteiligung unvermeidlich ist, ist es umso wichtiger, die eigenen Lehreremotionen zu kontrollieren, sonst werden die Chancen einer positiven Lösung von vornherein beeinträchtigt. Es müssen **alle**, die an der Gewaltaktion beteiligt waren, angesprochen und in die Problemlösung mit einbezogen werden. Auch wenn sich der Lehrer zunächst einem „verletzten" Schüler intensiver zuwenden muss, sollte er deutlich machen, dass alle Beteiligten als gleichberechtigt angesehen werden. Es darf keine vorschnelle Opfer-Täter-Zuschreibung erfolgen.

2.Schritt: Gewalt unterbinden, Gewalthandlungen beenden

Lehrer, die gewalttätiges Verhalten gegen Personen oder Sachen beobachten, müssen durch ihr Eingreifen sofort klare Grenzen setzen und Gewalttätigkeit soweit wie irgend möglich unterbinden. „Wegsehen" fördert Gewalttätigkeit. Bei den

---

[18] Mobbingblog:, *Weblog,* http://blog.schueler-mobbing.de/2007/06/13/was-soll-denn-das-du-machst-den-andern-ja-nur-angst/.

gewaltregulierenden Eingriffen dürfen Integrität und Würde der beteiligten Personen nicht verletzt werden. „Grenzüberschreitungen“ wie Anfassen oder Wegziehen der Schüler sollten nur dem Ziel der Gewaltunterbindung dienen und dürfen nicht wie eine vorweggenommene Strafmaßnahme erscheinen. Affektgeleitetes vorschnelles Intervenieren kann zur Verschärfung der Gewaltsituation führen bzw. den Lehrer unnötigerweise in den Konflikt hineinziehen.

Der Lehrer sollte sich in seiner Empörung über das Verhalten von Schülern nicht vorschnell zu Drohungen oder Ankündigungen von Strafmaßnahmen hinreißen lassen. Beim Eingreifen in einen Konflikt ist es daher wichtig, sich alle weiteren Schritte offen zu halten und erst mal alle wichtigen Informationen zu sammeln.

3. Schritt: Festlegung der nächsten Handlungsschritte

In dieser Phase gewinnt der Lehrer Abstand von den vorhandenen Emotionen und kann in Ruhe planen, welche weiteren Schritte jetzt zu unternehmen sind. Er darf. sich die Zeit für einen Handlungsaufschub gönnen, um dann mit klarem Kopf an die nachfolgenden Maßnahmen heranzugehen. Den Beteiligten und den Beobachtern wird durch das Eingreifen des Lehrers auch deutlich, dass dieser nicht nur diese gewaltsame Art der Konfliktlösung missbilligt; der Lehrer zeigt ihnen auch - durch Wort und Tat - seine Absicht, alternative Formen der Konfliktbewältigung zu finden und einzuführen.

Im Zentrum der Bemühungen sollten vor allem die Schüler stehen, die sich aus dem Mobbing-Prozess heraushalten und keine klare Position für oder gegen das Opfer beziehen. Diese Gruppe hat das Potenzial, den Kreislauf zu durchbrechen - denn der Anführer ist auf den Beifall und die Unterstützung seiner Mitschüler angewiesen.

Der Schule sind dazu **„Das Interventionskonzept von Dan Olweus“** (Juli 2007) oder der **„No Blame Approach**“, Interventionsansatz ohne Schuldzuweisung“, (Mai 2010) zu empfehlen.

Solange Lehrer nicht bereit sind genau hinzuschauen und als einzige Informationsquelle immer wieder Mitschüler befragen, die, um nicht selbst gemobbt zu werden, die Opfer anschwärzen, besteht keine Chance für eine positive Lösung des Konflikts. Es kommt zu einer einseitigen Schuldzuweisung, ohne dass die Schule realisiert, dass alle an dem Prozess teilhaben. Ich habe den Eltern von Nico einen Schulwechsel empfohlen. Es war in diesem Fall die vernünftigste Option.

4.3 Zusammenfassung Opferprofil

Opfer werden kann jeder. Das Opfer selbst trifft keine Schuld. Sämtliche beschriebenen Merkmale sind Möglichkeiten der Erklärung und treten erst **in Folge** auf. Sie sind in aller Regel nicht Auslöser, sondern Verstärker. Opfer kommen aus allen sozialen Schichten und das Mobbing durchzieht alle Schularten. Grundsätzlich ist zwischen passiven und provozierenden Opfern zu unterscheiden, weil die Lehrerreaktionen darauf sehr unterschiedlich sind.

5

Folgen von Mobbing

5.1 Mobbing und Stress

Ein Hauptfaktor im Mobbinggeschehen ist Stress, der sich für den Betroffenen zu einer Krankheit im eigentlichen Sinne entwickeln kann. Alle unsere Probleme sind mit Gefühlen besetzt. Können wir das Problem in absehbarer Zeit nicht lösen, verursacht es diesen besagten Stress. Ein plötzlicher Schock, wie z.B. ein körperlicher Unfall, versetzt uns in Stress. Ungelöste oder halb gelöste Probleme bereiten Stress. Wenn etwas passiert, das wir nicht wollen oder nicht erwarten, haben wir Stress. Wenn wir uns in einem Konflikt um Werte unseres Glaubenssystems befinden, schaltet sich Stress ein. Trotzdem ist er eine völlig individuelle Angelegenheit.

Wir alle stehen täglich stressigen Situationen gegenüber, aber weil wir alle einzigartig sind, erzeugt dieselbe Situation für manche Menschen einen ziemlich großen Stress, für andere weniger und für wieder andere überhaupt keinen. Stress existiert, weil wir das Gefühl haben, wir könnten mit dem, was um (oder in) uns vorgeht, nicht umgehen. Für die meisten von uns geschieht das mindestens einmal am Tag auf irgendeiner Ebene.

Jeden Tag konfrontiert uns das Leben mit unerfreulichen, unerwarteten und/oder unerwünschten Ereignissen und Situationen. Mobbing ist solch eine Situation. Es gibt keinen Weg, Stress zu vermeiden. Wer leugnet, dass er im Stress ist, nimmt sich die Möglichkeit, irgendetwas zu tun, um den Stress abzubauen. Stress wird vom Gehirn in bioelektrische Impulse umgewandelt. Das Gehirn macht aus jedem psychischen einen biologischen Vorgang. (J. Bauer, 2008, S21ff)

Zunächst treten Konzentrations- und Gedächtnisstörungen auf. Bereits nach kurzer Mobbingdauer kreist das Denken ständig um die in der Schule erlittenen Quälereien. Daraus ergeben sich Identitäts- und Selbstwertkrisen, neurotische Störungen und Erschöpfungszustände. Der Betroffene leidet an Versagensängsten und Depressionen und schreibt deswegen dann schlechte Zensuren.

Für die von Mobbingstress Betroffenen ist es wichtig, dass frühzeitig der Zusammenhang zwischen den Schikanen in der Schule und den gesundheitlichen Beschwerden erkannt wird. Sonst behandelt der Arzt nur die Symptome der Erkrankungen, während die Ursachen weiterhin ihre schädliche Wirkung ausüben.

Viele Vorgänge in unserem Körper werden über Hormone gesteuert. Hormone werden in Hormondrüsen erzeugt. Die zentrale Steuerdrüse in unserem Körper ist die Hirnanhangsdrüse oder auch Hypophyse genannt und die ist Bestandteil des Lymbischen Systems. Es gibt eine ganze Reihe von Auslösern, die die Hypophyse aktivieren.

Stress kann mit Gefühlen wie Wut, Zorn, Hass, Neid, Aggression, Angst verknüpft sein. Untersuchungen der Psychoneuroimmunologie zeigen einen unmittelbaren Zusammenhang zwischen Stress und verschiedenen Krankheiten. Je höher der Stress ist, desto größer wird die Wahrscheinlichkeit einer Infektionskrankheit. (vgl. Brinkmann, 1993) Die wichtigste Rolle kommt dabei dem Stresshormon Cortisol zu. Cortisol wird von Emotionen über das Gehirn gesteuert und folgt einem komplizierten Regulationsmechanismus. Es beeinflusst bei chronischem Stress die Immunzellen negativ. Auswirkungen auf Krankheiten sind sehr wahrscheinlich.

Hans Selye (1974), auch als „Vater der Stressforschung“ bezeichnet, definiert Stress als eine *„unspezifische Reaktion des*

Körpers auf jegliche Beanspruchung (Stressor).“ Ein Stresszustand tritt dann ein, wenn ein Ungleichgewichtszustand zwischen den Anforderungen der Umwelt und den Leistungsfähigkeiten und -möglichkeiten einer Person besteht. Dieser Ungleichgewichtszustand muss von der betreffenden Person als unangenehm und persönlich bedeutend empfunden werden, um eine Stressreaktion auszulösen. Solche *Stressauslöser* nennt man *Stressoren.* Man unterscheidet:

***Physische Stressoren**, wie*
Hunger, Lärm, Hitze, Infektionen, Verletzungen, schwere körperliche Arbeit, langes Autofahren, Reizüberflutung, Temperaturschwankungen, Luftdruckänderungen, Kälte.

***Psychische Stressoren**, wie*
Versagensängste, Überforderung, Unterforderung, Fremdbestimmung, Zeitmangel, Kontrollverlust, Hetze.

***Soziale Stressoren**, wie*
Konflikte, Isolation, ungebetener Besuch, Verlust vertrauter Menschen, Stressoren sind also Signale und Reize aus der Umwelt, sowie positive und/oder negative Lebensereignisse.

Für unsere Mobbingproblematik betrachten wir vor allem Verletzungen aus der Umwelt: *Streit, Enttäuschungen, selbst gemachte Probleme, überzogene Selbstansprüche, Schwierigkeiten in der Schule.* Wenn die Stresssituation vom Menschen bewältigt wird, tritt eine Erholungsphase ein, in der neue Kräfte gesammelt werden können. Eine Stressreaktion wird erst dann gefährlich, wenn diese Phase lange andauert und der Organismus sich nicht mehr regenerieren kann. Ohne Erholung befindet sich der Mensch wieder in der Alarmphase und damit in einer Phase der psychischen und physischen Erschöpfung (Selye, 1979).

Die Reaktionen erfolgen auf unterschiedlichen Ebenen (Litzke&Schuh, 2007,S22ff). Das Programm stammt aus der Zeit, als Menschen noch Jäger und Sammler waren. Zu dieser Zeit gab es drei elementare Verhaltensmuster: **Angriff, Flucht** oder sich **totstellen**. Das haben wir uns bis zum heutigen Tag erhalten und entsprechend reagiert der Körper. In Stresssituationen werden die Körperfunktionen sofort auf das Notwendigste reduziert.

1. Verdauung braucht man bei höchster Gefahr nicht, also wird sie abgeschaltet. (Das komische Gefühl im Bauch, Bauchschmerzen als Grund nicht in die Schule zu gehen)
2. Abschaltung des Immunsystems.
(Hohe Anfälligkeit für Krankheiten)
3. Das Gehirn soll mehr Sauerstoff erhalten, damit wir auf die „Gefahr" besser reagieren können. Deswegen erhöht sich der Herzschlag. Gleichzeitig wird der restliche Denkapparat eingeschränkt.

In einem Augenblick wenn man unter Stress steht, ziehen Gehirn und Körper Blut von der Körperoberfläche ab. („Du bist ja ganz bleich im Gesicht"!) Vorrangig ist jetzt Angriff oder Flucht und das Blut geht in die Muskeln, die diese Tätigkeiten ausführen. Dasselbe Grundprinzip findet auch im Gehirn statt. Die Durchblutung zieht sich von der Oberfläche zurück und geht dorthin, wo die instinktiven Überlebensmechanismen ablaufen, also tief ins Innere. Dies beschränkt bewusstes Denken auf das Minimum, das zum Überleben notwendig ist. Das ist der Grund dafür, dass wir bei Stress Denkblockaden haben. Unsere geistige Schärfe ist gleich Null (Litzke&Schuh, 2007, S35)

In einem Zustand des „Überwältigtseins" funktionieren wir nicht effektiv, fühlen uns außer Kontrolle, verlieren unsere Ziele aus den Augen, fühlen, dass wir keine Wahlmöglichkeiten haben und wünschten, das Problem würde sich von selbst lösen, sich schnell legen oder einfach verschwinden. Daher kommt der verständliche Glaube von Mobbing Betroffenen oder Eltern, dass das wieder vorbeigeht. Nichts dergleichen geschieht. Hält der Stress über Tage oder Wochen an, ohne dass er gelöst werden kann, ist Krankheit die unvermeidliche Folge. Lesen Sie ungekürzt:

Mir geht es im Moment ziemlich schlecht. Ich wurde drei jahre lang gemobbt. zwischendurch habe ich sogar an selbstmord gedacht. bei jedem auto, was an mir vorbei fuhr, musste ich mich zusammen reißen, dass ich mich nciht einfach davor warf. wegen der seelischen belastung bin ich oft sehr krank geworden. nach drei jahren hölle habe ich einen schlußstrich gezogen. ich habe die schule gewechselt. kurz nach dem wechsel bin ich noch einmal zusammen geklappt also sehr krank geworden, weil mit dem wechsel einfach auch eine enorme kraft von mri verlangt wurde. aber ich habe es geschafft. ich werde jetzt endlich akzeptiert, so, wie ich bin. ich habe sehr viele freunde, die leute aus meiner klasse mögen mich sehr, oder lassen mich einfach in ruhe. es tut gut, endlich akzeptiert zu werde.

doch die drei jahre mobbing haben viele, tiefe wunden hinterlassen. diese wunden, könnte man so ausdrücken, platzen zwischendurch immer wieder auf... das kann in den seltsamsten momenten passieren. meistens kommt es, wenn ich total glücklich bin. im ersten moment lache ivh ncoh wie verrückt und dann macht es in meinem kopf klick und ich könnte heulen. dabei brauch ich nciht mehr weinen. ich kann endlich glücklich sien und lachen.

doch es ist immernoch da. aber ich will diese verdammte #### los werden, ich will nicht mit so einer

blöden vorgeschichte durch das leben gehen müssen. ich will einfach nicht mehr und ich kann auch nciht mehr.
ich weiß nciht wieso, aber seit zwei wochen bin ich in einem totalen tief ich sitze manchmal einfach nur da und guck grade aus. meine gedanken schweifen ab und ich kann irgendwie nicht mehr kontrollieren, wa sich denke. in diesen momenten fühle ich mich einfach furchtbar. ich habe angst, dass sich alles noch einmaal wiederholen könnte. ich will das nicht.
manchmal wünschte ich, ich könnte einfach meinen rucksack nehemn und laufen... ganz weit weg laufen... immer nur laufen udn laufen und laufen, bis ich nicht mehr kann... aber das gehtr nicht. ich muss nun einmal mit dieser geschichte leben, aber ich komme nicht aus diesem tief raus ich bin so deprimiert.
meine freunde mögen mich und ich werde oft angerufen ob ich zeit habe aber seit zwei wochen bin ich irgendwie nciht mehr glücklich.
ich bin total deprimiert und habe sogar schon wieder an selbstmord gedacht.. wie es wäre, wenn einfach alles vorbei wäre. ich weiß, dass das nichts hilft, aber es ist beinahe unerträglich... ich kann nicht mehr
bitte helft mir aus diesem tief raus...
PS: sorry wegen der undeutlichen schreibweise, aber darauf habe ich jetzt nicht so sehr geachtet, ich wollte einfach nur alles aufschreiben...[19]

[19] Schueler-Mobbing, *Forum,* http://www.schueler-mobbing.de/mobb/modules/newbb/viewtopic.php?topic_id=1004&forum=1&14.

5.2 Stressreaktion

Durch das fortlaufende Mobbing und den dadurch entstehenden Druck und Stress für das Opfer können sich die mentalen und psychosomatischen Symptome vertiefen und ausbreiten. Meist führt es zu einem allgemeinen Angstzustand bzw. zu Existenzangst, durch die ständige Alarmbereitschaft des Opfers. Man spricht von posttraumatischen Belastungsstörungen die sich entwickeln oder schon entwickelt haben können und sich mit der Zeit auf andere Lebensbereiche erweitern. Etwa nach einem halben Jahr bilden sich neben immer stärker werdenden psychosomatischen Beschwerden und Krankheiten auch ernste psychische Befindlichkeitsstörungen heraus.

Bei Mobbingopfern klingen diese Beschwerden kaum wieder ab, da sie über das Mobben ständig wieder aktualisiert werden. Hält das Mobbinggeschehen über einen Zeitraum von ein bis zwei Jahren an, vertiefen sich die psychischen und physischen Symptome beim Mobbingopfer auf Grund des fortlaufenden und eskalierenden sozialen Druckes. Langzeitfolgen, die sich einstellen, können so aussehen:

> *Ich bin jetzt fast 28 Jahre alt. Meine Therapie ging ungefähr 9 Jahre lang, mit 17 habe ich angefangen. Ich war sogar in Klinik gewesen, weil ich keinen Kontakt mit Leuten aufnehmen konnte. Ich wurde bloß noch gehänselt (wie läuft denn die), wo ich doch bloß leicht Körperbehindert bin. Man sieht es bloß wenn ich laufe und ich kann nicht jede Arbeit verrichten ....*
>
> *.... Das ganze Mobbing hat mich innerlich kaputt gemacht. Ich lasse niemanden mehr an mich heran die Mauer ist sehr hoch und nicht mal mehr ich selbst kann sie zerstören. Meine Gefühle kann ich nicht mehr zeigen*

wo ich es selbst möchte und wenn ich es schaffe dann verkehrt herum (Weinen dann grinse ich). Es ist verrückt wenn zum Beispiel jemand stirbt, dann muss ich grinsen. Mir ist eigentlich dann zum Weinen zu mute, aber ich Blödian muss grinsen. Ist das nicht verrückt?[20]

5.3 Zusammenfassung Stressreaktion

Mobbing erzeugt Stress und Stress macht krank, physisch und psychisch. Mobbing reduziert uns auf 3 Grundreaktionsmuster

1. Der Versuch des Opfers auf **aktive Einflussnahme** durch **Angriff** verbal oder physisch („du musst dich wehren"), ist meist aussichtslos und wird schnell verworfen.
2. **Flucht** - *Rückzug* ist erst mal nicht möglich, es besteht Schulpflicht. Dann gehen die Bemühungen in Richtung Klassenwechsel, Schulwechsel, Schulartwechsel, Wohnortwechsel.
3. **Passivität (tot stellen)**, der **größte** Schüler-, Lehrer-, Elternirrtum : „das geht vorbei", „das ist doch nicht so schlimm", „erdulden", „da muss man durch"…

---

[20] Schueler-Mobbing, *Forum,* http://www.schueler-mobbing.de/mobb/modules/newbb/viewtopic.php?topic_id=998&forum=1&7.

6

Rechtliche und menschenrechtliche Aspekte des Mobbings

6. Rechtliche und menschenrechtliche Aspekte

Mit dem Phänomen Mobbing sind nicht nur pädagogische, medizinische psychologische, soziologische Aspekte verbunden, sondern auch weiter gehende ethische und menschenrechtliche Gesichtspunkte. Grundsätzlich kann festgestellt werden: schulische Mobber sind Gewalttäter, die konsequent und vorsätzlich ihre Ziele verfolgen.

Sie grenzen Mitschüler aus dem schulischen Alltagsleben aus, lassen sie nicht an schulischen Aufgaben und Tätigkeiten teilhaben. Das sind Gruppenarbeit im Unterricht, Mannschaftsbildung im Sportunterricht, Übernahme von Ämtern und Organisationsaufgaben (Tafeldienst, Tagebuchordner, Filmdienst, SMV, Klassensprecher u.a.) und schränken damit ihre individuelle Entfaltungs- und Entwicklungsmöglichkeit ein. Sie verhindern konsequent Erfolgserlebnisse der Opfer und schwächen sie damit in ihrem Selbstwertgefühl, in ihrer Selbstentfaltung und Selbstverwirklichung. Die Opfer fürchten sich vor dem Versagen und der damit verbundenen „Schande“. Falsch eingeschätzte und überdramatisierte Probleme führen zu Unsicherheit bis hin zum Verlust einer realistischen Situationseinschätzung. Entscheidungen können nicht mehr getroffen werden, die Durchsetzungskraft ist gleich Null. Die schulische Existenz ist zerstört.

Den aufgezeigten negativ- destruktiven Einstellungen und Haltungen stehen Werte entgegen, die von gesellschaftlicher und ethischer Bedeutung sind: nämlich eine Wertschätzung des Individuums in seiner gesamten Persönlichkeit als Mitmensch, eine Wertschätzung des Individuums das selbst verantwortlich entscheidet und handelt in seiner Verpflichtung gegenüber sich selbst und der Gemeinschaft in der es lebt. Doch in der Realität des Schullebens ist dies häufig nicht gegeben. Mobbing wird offen oder verdeckt zugelassen, es wird weggeschaut oder als individuelles Problem dargestellt. Das richtet sich gegen die Grundsätze der Menschenrechte.

6.1 Menschenrechte

Aus der aufgezeigten Mobbing- und Gewaltproblematik ergeben sich rechtliche Grundsatzfragen und Pflichten für die Institution Schule und deren Lehrkräfte. Sie verfolgen den Zweck, Lehrer auf juristische Aspekte aufmerksam zu machen, andererseits die Institution anzumahnen, sich des Problems bewusst zu werden und es anzunehmen. Dringend benötigte effektive Regelungen müssen für jede Schule getroffen und deren Durchführung, wie an andere Stelle bereits ausgeführt, auch kontrolliert werden.

Als Bezugspunkt eines solchen Regelwerkes bzw. einer solchen Konvention kann die

Allgemeine Erklärung der Menschenrechte - Resolution 217 A(III) der Generalversammlung vom 10. Dezember 1948 dienen.[21]

Artikel 1 stellt die Basis aller nachfolgenden Rechte dar:

Alle Menschen sind frei und gleich an Würde und Rechten geboren. Sie sind mit Vernunft und Gewissen begabt und sollen einander im Geiste der Brüderlichkeit begegnen.

[21] Artikel 1 Menschenrechte:, *Allgemeine Erklärung der Menschenrechte,* http://www.un.org/Depts/german/grunddok/ar217a3.html,.

Der Mensch wird als freies, wertvolles Wesen geboren, das sich an Werten orientiert. Er muss eigenverantwortlich handeln (Vernunft), seine Handlungsweise überdenken (Gewissen) und kann sein Leben selbst bestimmen. Dieses Denken und Handeln bezieht der Mensch nicht nur auf sich selbst, sondern auch auf seine Mitmenschen, zu denen er in einem sozialen und emotionalen Verhältnis steht. Daraus ergibt sich die Verpflichtung, Mitmenschen zu achten, zu respektieren, ihre Würde nicht anzutasten.

Der **Artikel 26 der Allgemeinen Erklärung der Menschenrechte (1948)**

> *(1) Jeder Mensch hat Recht auf Bildung. [...]*
> *(2) Die Ausbildung soll die volle Entfaltung der menschlichen Persönlichkeit und die Stärkung der Achtung der Menschenrechte und Grundfreiheiten zum Ziele haben. Sie soll Verständnis, Duldsamkeit und Freundschaft zwischen allen Nationen und allen rassischen oder religiösen Gruppen fördern und die Tätigkeit der Vereinten Nationen zur Aufrechterhaltung des Friedens begünstigen.*[22]

betont ausdrücklich das Recht auf Bildung, und die Entfaltung der Persönlichkeit. Diese Rechte dürfen Kindern weder von Eltern, Mitschülern oder gar Lehrern genommen werden. Ausdrücklich wird die Freundschaft zwischen allen Nationen, Rassen und religiösen Gruppen betont, die es zu fördern gilt. Das beinhaltet weiter die Gleichstellung und Gleichwertigkeit aller genannten Gruppen untereinander.

---

[22] Artikel 26, *UN Menschenrechte,* http://www.un.org/Depts/german/grunddok/ar217a3.html.

6.2 Kinderrechtskonvention

Im Jahre 1989 verabschiedeten die Vereinten Nationen (UN) eine Konvention über die Rechte des Kindes. Sie dient als Leitlinie für die Staaten der Welt. In der Bundesrepublik Deutschland ist diese Konvention am 5. April 1992 in Kraft getreten. Die Vertragsstaaten sind durch das Dokument verpflichtet, positive Rahmenbedingungen für die Entwicklung von Kindern und Jugendlichen zu schaffen. (Siehe Anhang III)

Ziel der Verordnung ist es, dem Kind ein „verantwortungsbewusstes Leben in einer freien Gesellschaft" zu ermöglichen. Für eine Entwicklung seiner Persönlichkeit, die keinem vorgegebenen Zweck dient, genießt es einen Schonraum. Das funktioniert nur dann, wenn die Entwicklung seiner Persönlichkeit auch gefördert wird. Die Umsetzung haben die Staaten über ihre Institutionen - z.B. über ihre Schulen - durchzuführen, denn die Kinder haben einen Anspruch auf grundlegende Berücksichtigung dieser Prinzipien.

Die Institution Schule ist gekennzeichnet durch eine hierarchische Struktur und besteht von oben nach unten aus dem Kultusministerium, den Oberschulämtern bzw. Regierungspräsidien, den Schulämtern oder Schulaufsichtsbehörden, den Schulleitern und den Lehrern. Jedem dieser Ämter sind eindeutige Aufgaben zugeordnet die letztendlich alle einem Zweck dienen, dem Wohl der Kinder und nicht den Interessen der Wirtschaft oder der Politik. Die Institution Schule hat also dafür Sorge zu tragen, dass die **Entwicklung der Persönlichkeit** gesichert ist. Das bedeutet ganz klar, dass die Schule weit mehr als eine reine **Wissensvermittlungsanstalt** ist und Schüler mehr sind als schulische Leistungserbringer. Schule ist auch eine **Erziehungsinstitution**. Lehrkräfte und Eltern haben eine gemeinsame Erziehungsverantwortung, der sie sich stellen müssen.

Die Schule hat für einen geordneten Unterrichtsbetrieb Sorge zu tragen. Schule und Schulträger schaffen die sächlichen Voraussetzungen - Materialien, Räumlichkeiten usw. Für die Schaffung personeller Voraussetzungen – also für die Lehrereinstellung - ist zunächst die Schulleitung durch ihre Bedarfsmeldung den Schulämtern gegenüber zuständig, die die Lehrerzuteilung machen. Lehrerstunden bekommen sie über die Regierungspräsidien oder über die Kultusministerien. Diese Stunden errechnen sich aus der Anzahl der Schüler einer Schule und der möglichen Kursbildungen an Schulen. Die Ministerien regeln das über den sog. Organisationserlass.

Die Institution Schule kann für die Disziplin im Unterricht und in der gesamten Schule verantwortlich gemacht werden, denn sie hat eine Fürsorgepflicht. Damit ist klar, dass maßgeblich Schulleitung und Lehrpersonal verpflichtet sind, in der Schule für die Durchsetzung und Einhaltung von Normen Sorge zu tragen und **nicht die Eltern**.

Schule hat sich für eine Schulkultur einzusetzen. die durch Werte und Regeln gekennzeichnet ist. Zu dieser Schulkultur gehören: Anstandsregeln, Kleiderordnung, Hygiene, Kommunikationsformen, Unterlassung von Diskriminierungen und Rassismen, Unterlassung von Gewalthandlungen, prosoziale Konfliktlösungsstrategien uvm. . (Gollnick, 2008)

Durch geeignete Unterrichtsinhalte müssen die Schüler im Unterricht praxis- und handlungsorientiert die Grundwerte der Kinderrechtskonvention und der Menschenrechts-konvention erfahren können. Das erfolgt einerseits durch strikte Unterbindung und Ächtung von verbalen Entgleisungen,

Obszönitäten, physischer Gewalt gegen Personen und Sachen (Lehrer, Schüler, Schulbücher, Schulgebäude), psychischer Gewalt gegen Personen (Mobbing) und andererseits dadurch, dass menschliche Grundwerte - Achtung des Mitmenschen, Toleranz, Verurteilung von Diskriminierung, **erlebbar** gemacht wird. Das kann allerdings nicht dadurch geschehen, dass wie im folgenden Fall weggeschaut wird:

> *„ich bin auch mehrmals zu ein paar lehrern gegeangen und sie haben nix unternommen wenn ich bespuckt oder getretten oder beworfen wurde sie haben einfach weggeschaut Das fand ich sehr deprimierend ich weiß noch genau das ich oft gedacht habe wie es wäre tod zu sein.“*[23]

Und das kann auch nicht dadurch geschehen, dass man die Thematik mit ein paar Unterrichtsstunden abhandelt und durch den Eintrag ins Klassenbuch (Wochenbuch) als erledigt abhakt.

Genauso ungeeignet ist ein Anti-Mobbing Projekttag, wenn es bei diesem einen Tag bleibt. Vielmehr handelt es sich um einen kontinuierlichen an eindeutigen Regeln orientierten und gelebten Prozess über alle Klassenstufen hinweg. **Das ist der Erziehungsauftrag!**

---

[23] Mobbingblog, *Weblog,* http://blog.schueler-mobbing.de/category/schueler/page/5/.

6.3 Das Grundgesetz der Bundesrepublik Deutschland.

Die allgemeine Erklärung der Menschenrechte (1948) ist die Basis für das Grundgesetz (GG) der Bundesrepublik Deutschland. Es wurde vom Parlament, dessen Mitglieder von den Landesparlamenten gewählt worden waren, am 8. Mai 1949 beschlossen und von den Alliierten genehmigt. Es setzt sich aus einer Präambel, den Grundrechten und einem organisatorischen Teil zusammen. Im Grundgesetz sind die wesentlichen staatlichen System- und Werteentscheidungen festgelegt. Es steht im Rang über allen anderen deutschen Rechtsnormen. Dort lesen wir

Artikel 1 [Menschenwürde – Menschenrechte – Rechtsverbindlichkeit der Grundrechte]

(1) Die Würde des Menschen ist unantastbar. Sie zu achten und zu schützen ist Verpflichtung aller staatlichen Gewalt.
(2) Das Deutsche Volk bekennt sich darum zu unverletzlichen und unveräußerlichen Menschenrechten als Grundlage jeder menschlichen Gemeinschaft, des Friedens und der Gerechtigkeit in der Welt.

Artikel 2 [Persönliche Freiheitsrechte]

(1) Jeder hat das Recht auf die freie Entfaltung seiner Persönlichkeit, soweit er nicht die Rechte anderer verletzt und nicht gegen die verfassungsmäßige Ordnung oder das Sittengesetz verstößt.
(2) Jeder hat das Recht auf Leben und körperliche Unversehrtheit. Die Freiheit der Person ist unverletzlich. In diese Rechte darf nur auf Grund eines Gesetzes eingegriffen werden.

Artikel 3 [Gleichheit vor dem Gesetz]

> [...] *(3) Niemand darf wegen seines Geschlechtes, seiner Abstammung, seiner Rasse, seiner Sprache, seiner Heimat und Herkunft, seines Glaubens, seiner religiösen oder politischen Anschauungen benachteiligt oder bevorzugt werden. Niemand darf wegen seiner Behinderung benachteiligt werden.*[24]

Das bedeutet, dass das System Schule die Verpflichtung hat, Gewaltakte in jeglicher Form zu unterbinden, um eine geeignete Entwicklungssituation zu schaffen.

Das bedeutet weiter, dass auch Schüler direkt zur Verantwortung gezogen werden müssen, wenn sich solche Situationen nachweislich ergeben. Mobbing ist solch eine Situation. Es gibt keine Insel der Glückseligkeit mehr, auch nicht im ländlichen Raum und deswegen müssen Lehrer sich überlegen, welche Maßnahmen geeignet sind, eine nachhaltige Veränderung herbeizuführen. Es gibt immer noch Schulen, an denen Lehrer mit einer Reihe systeminterner Schwierigkeiten zu kämpfen haben, die etwa so aussehen können:

In einem größeren Kollegium gibt es keinen Wertekonsens mehr. Normen und Regeln werden grundsätzlich diskutiert und sind in jeder Situation verhandelbar. Jeder Lehrer ist sich selbst und seinem pädagogischen Geschick oder Ungeschick überlassen. Es existieren keine gemeinsamen Konfliktlösungsstrategien oder -konzepte, es gibt keine Präventions- oder Interventionsprogramme an der Schule.

---

[24] Grundgesetz der BRD, *Art. 1 ff,* http://www.bundestag.de/parlament/funktion/ gesetze/grundgesetz/index.html.

Von härteren Ordnungsmaßnahmen wie z.B. einem Schulverweis wird abgesehen, weil ein Imageschaden in der Öffentlichkeit oder juristisches Vorgehen von Täter Eltern befürchtet wird. Stattdessen werden die Probleme mit Sätzen wie „an unserer Schule gibt es keine Probleme, kein Mobbing, keine Gewalt" weggeredet oder die Wahrnehmung der Schule ist schlicht und einfach falsch. Eine Mutter schreibt im Weblog von Schueler-Mobbing:

> *[...] „Zunächst war alles o.k., doch irgendwann trafen sich die Mädchen weniger, Hefte, Bücher oder Busfahrkarte meiner Tochter fingen an zu verschwinden. Doch zum ersten Elternsprechtag sagte mir die Klassenlehrerin: was ich denn überhaupt hier wolle, mit meinem Kind sei alles prima, ansonsten hätte sie sich gemeldet, sie hätte so viele Termine und für Gesichtspflege keine Zeit! Peng! Also habe ich mich nicht mehr gerührt.*
> *Mein Kind bekam immer häufiger Kopfschmerzen, Bauchschmerzen und Übelkeit, musste von der Schule abgeholt werden oder wollte schon gar nicht hingehen. - Anruf bei der Klassenlehrerin: ja, ihr Kind sitzt blass und stumm auf dem Stuhl, wirkt krank! Jetzt griff ich mir zusätzlich die Ko-Klassenlehrerin und den Rektor: „in der Klasse ist alles ok!!" [...]*
>
> *Und ich stehe mit meiner unbändigen Wut seit Jahr und Tag alleine da.* [25]

Damit an der Schule eine Atmosphäre von Achtung, Toleranz, Wertschätzung und Freiheit geschaffen werden kann, ist es

---

[25] Schueler-Mobbing, *Weblog*, http://blog.schueler-mobbing.de/category/schueler/page/6/.

absolut zwingend, dass jede Schule einen Wertekatalog für Lehrpersonal, Eltern und Schüler entwickelt und diesen in ihrem Schulprofil verankert. Damit dieser Katalog verbindlich wird, hat darüber die Gesamtlehrerkonferenz und die Schulkonferenz zu entscheiden. Genauso ist festzulegen und allen an Schule Beteiligten bekannt zu machen, welche Konsequenzen ein Zuwiderhandeln hat, unabhängig davon welche Ordnungsmaßnahmen das Schulgesetz vorsieht. Werteerziehung muss erfahrbar gemacht werden, Ordnungsmaßnahmen auch. Hemmende Faktoren - und Mobbing ist solch ein Faktor - sind nicht dadurch weg zu bekommen, dass man „mit der Klasse redet“ oder ein paar beschwichtigende Einzelgespräche führt. Das hat ausschließlich den Effekt, *dass Mobber ihre Opfer aus Rache oder anderen niedrigen Beweggründen noch mehr mobben.*

6.4 Schulgesetze der Bundesländer

Das Mobbing-Phänomen hat einen eindeutigen Bezug zu den Menschenrechten und zur deutschen Verfassung. Da Bildung Ländersache ist, regelt jedes Bundesland alle schulischen Details über ein so genanntes Schulgesetz. Den Erziehungs- und Bildungsauftrag finden wir gleich zu Beginn der Schulvorschrift, entweder in §1, §2 oder §3.

Die Verantwortung für eine fördernde, gelingende Entwicklung der Schüler hat das System Schule. Schulleitungen und Lehrpersonen werden in die Pflicht genommen, gegen Störungen, Hemmnisse, auch Gewalt vorzugehen. Dazu zählen nach der heutigen Entwicklung auch Kommunikations- und Interaktionsstörungen wie Mobbing, innerhalb und außerhalb des Unterrichtes. Damit Schule eine rechtliche Handhabe dafür hat, gibt es im Schulgesetz die Erziehungs- und Ordnungsmaßnahmen. Erziehungs- und Ordnungsmaßnahmen müssen in aufsteigender Reihenfolge angewendet werden. Darin besteht im Mobbingfall eine eindeutige Schwäche, die ausgenutzt werden kann. Schüler erfassen sehr schnell die Systemschwäche der Schule und nutzen sie für sich aus, wenn sie einmal erfahren haben, dass (ungeeignete) pädagogische Maßnahmen des Lehrpersonals für sie unmittelbar keine oder nur geringfügige, kalkulierbare Folgen haben.

Eltern gemobbter Kinder werden mit Verharmlosungen abgespeist. Sie erfahren, dass das was ihren Kindern widerfährt völlig normal ist, der Orientierung und Positionierung innerhalb einer Gruppe dient, ein typisch pubertäres Verhalten ist, da müsse man durch, bis hin zu dem schwachsinnigen Apell, das Opfer müsse lieb sein und dürfe sich nicht wehren.

Da Mobbing so nicht zu beenden ist, führen Ordnungsmaßnahmen, in harter Konsequenz angewandt, erst nach einem unendlich lang erscheinenden Verlauf zum Ziel, weil die bereits erwähnte aufsteigende Reihenfolge der Maßnahmen vorgeschrieben ist. So können für das Opfer qualvolle Monate, manchmal sogar Jahre vergehen, bis endlich den Tätern das Handwerk gelegt wird. Mit zunehmender Dauer steigt die Wahrscheinlichkeit, dass ein Schüler nicht mehr beschulbar ist, oder dass sich sein Leid in grenzenlosen Hass umkehrt und er selbst zum Gewalttäter oder gar Amokläufer wird auch noch Jahre später.

Bei der „Ursachenforschung“ des Schulverhaltens kommt häufig ein falsches oder problematisches Behandeln des Falles seitens der Lehrer dann zutage, wenn anstelle von Prävention oder geeigneter Intervention versucht wird, das lästige Opfer los zu werden. Watzlawick (Menschliche Kommunikation 2007) stellt fest: Bei schwierigen Kommunikationsproblemen (Mobbing ist ein Kommunikationsproblem) kann man nicht nach einem monokausalen Prinzip vorgehen, indem man ausschließlich nach dem (vermeintlichen) Verursacher sucht und den bestraft, Lehrerirrtümer inklusive.

6.5 Wie kann Schule dann vorgehen?

Alsaker (2003) oder auch Guggenbühl (2008) stimmen überein: Hier und jetzt ist der Grenzüberschreitung Einhalt zu gebieten und die Probleme sind in der Gegenwart zu managen! Voraussetzung dafür ist die Erstellung klarer Regeln bereits im Vorfeld - für Gegenwart und Zukunft!

Mobbing muss gestoppt werden, **sofort**. Den Schülern muss klar gemacht werden, dass Mobbing (und allgemein Gewalt) an der Schule unter keinen Umständen geduldet wird und ernsthafte Konsequenzen nach sich zieht. Bei der Fortsetzung der Mobbingattacken muss der Täter oder die Tätergruppe die Konsequenzen tragen und nicht wie so oft das Opfer! Das fordert die Menschenrechtskonvention und das garantieren die Landesverfassungen bzw. Schulgesetze der Bundesländer. Eltern und Schüler haben ein Recht darauf und die Lehrer die Pflicht ihrem Erziehungsauftrag nachzukommen, weil sie auf die Landesverfassung und das Schulgesetz vereidigt sind.

Die Ordnungsmaßnahmen des Schulgesetzes stellen keine schnelle und wirksame Handhabe bei eskalierenden und gravierenden Verstößen dar. Das kann die Schule, wie weiter oben beschrieben durch eine eigene Haus- und Schulordnung in Abstimmung mit Lehrern, Eltern und Schülern selbst regeln. Dazu gibt es eine Menge Literatur und viele in der Praxis bewährte, erfolgreiche Konzepte.

Eltern können über die Elterngremien Einfluss darauf nehmen, dass Präventions - und Interventionskonzepte an der Schule umgesetzt werden.

Weiterführende Literatur

Alsaker, Françoise D. (2004): Quälgeister und ihre Opfer: Mobbing unter Kindern - und wie man damit umgeht. Bern: Huber.
Alsaker, Françoise D., Nägele, Christof, and Valkanover, Stefan. (2005): Mobbing im Kindergarten: Beschimpft, geplagt und ausgelacht. Bern: Universität Bern. Abt. Entwicklungspsychologie.
Gollnick, Rüdiger, and Böcker, Tina. (2008): Schulische Mobbing-Fälle: Analysen und Strategien. Berlin : Lit.
Guggenbühl, Allan. (2008) Anleitung zum Mobbing. Oberhofen am Thunersee: Zytglogge.
Watzlawick, Paul. (2005): Wie wirklich ist die Wirklichkeit? Wahn, Täuschung, Verstehen. München,Zürich, Piper.
Watzlawick, Paul, Bavelas, Janet Beavin, and Jackson, Don D. (2011): Menschliche Kommunikation: Formen Störungen Paradoxien. 12th ed. Bern: Verlag Hans Huber.

7

Möglichkeiten der Eltern

7.1 Wie kann ich erkennen, dass mein Kind gemobbt wird?

Damit man überhaupt von Mobbing sprechen kann, sei noch einmal auf die wichtigsten Merkmale hingewiesen:

- Kräfteungleichgewicht (Opfer ist alleine)
- Häufigkeit (mindestens einmal pro Woche)
- Dauer (Übergriffe erfolgen über Wochen oder Monate)
- Konfliktlösung ist aus eigener Kraft nicht möglich In Einzelfällen zusätzliches Merkmal :
- Das Oper soll (eventuell um jeden Preis) aus der Lerngruppe verschwinden.

Bei der Beurteilung muss sehr vorsichtig vorgegangen werden. Irrtümer in jeder Richtung können sich fatal auswirken. Da Mobbing vorwiegend in der Schule stattfindet, haben es Eltern besonders schwer herauszufinden, was mit ihrem Kind los ist. Am erfolgreichsten ist eine Zusammenarbeit mit den Lehrern der Schule, deren Bereitschaft vorausgesetzt. und das ist die Regel! In zahlreichen Untersuchungen hat sich immer wieder dasselbe Muster herausgestellt, welches Eltern eine Orientierungshilfe bietet (Olweus, 2006 , et.al.) :

Gemobbte Kinder schlafen unruhig, haben schlechte Träume und weinen im Schlaf. Sie wirken traurig, unglücklich, scheinen deprimiert zu sein. Häufig ist ein plötzlicher Stimmungswechsel zu bemerken, indem sie mit Gereiztheit und plötzlichen Zornesausbrüchen reagieren. Sie gehen ängstlich oder widerwillig morgens zur Schule, verweigern das Frühstück, weil sie keinen Appetit haben. Häufige Kopfschmerzen stellen sich ein. Vor allem morgens kommen Magenschmerzen, Übelkeit und Erbrechen hinzu.

Sie finden ganz wörtlich genommen „die Schule zum Kotzen".

Natürlich müssen nicht alle aufgezählte Verhaltensmuster bzw. Reaktion erfüllt sein, damit ein begründeter Verdacht auf ein schulisches Problem erfüllt ist. Elternberichte bestätigen die Untersuchungen:

Fall 1

Meine Tochter (8 Jahre) geht noch in die 2. Klasse und wird , wenn ich das richtig einschätze seit etwa einem halben Jahr gemobbt ! Zuerst ist mir das nicht aufgefallen , weil sie es gut überspielt hat , aber neuerdings klagt sie immer häufiger über Bauchweh . Als ich sie ansprach teilte sie mir mit , dass ihre Mitschüler/innen sie beleidigen und Dinge sagen wie : sie sei zu dick , dumm wie ein Stück Brot ... . Ihre Schulischen Leistungen sind auch sehr in den Keller gegangen , sie kann sich nicht mehr Konzentrieren , alles was ihr früher leicht fiel (Mathe und Deutsch usw.) sind für sie und uns zu einem großen Problem geworden [26]

Fall 2

Er leidet furchtbar darunter, hat unheimlich oft Migräne, weint fast jeden Abend und jeden Morgen, weil er totale Angst hat, zur Schule zu gehen ("... da werde ich ja doch nur geärgert und darf nicht mitmachen!"). Bereits am Samstagabend fängt er an,

---

[26] Schueler-Mobbing, *Weblog,* http://blog.schueler-mobbing.de/2007/06/13/brauche-rat/.

sich vor Montag zu fürchten, weil dann die Quälerei wieder losgeht. [27]

Nachdem Sie das Kapitel über Stress gelesen haben, wissen Sie, dass das worüber Ihr Kind klagt eine psychosomatische Reaktion auf den Ärger in der Schule ist. Vorsichtshalber gehen Sie mit Ihrem Kind zum Arzt. Wenn der Arzt keine körperliche Ursache feststellen kann und eine Überprüfung beim Neurologen wegen der Kopfschmerzen auch kein oder kein eindeutiges Ergebnis liefert, können Sie davon ausgehen, dass in der Schule etwas nicht in Ordnung ist. (Das ist natürlich nicht das einzige Merkmal, es gibt weitere.)

Der Gang zum Arzt ist deswegen auch nötig, damit Sie etwas in der Hand haben, wenn die Dinge eskalieren sollten. Zudem gehen Sie dem Vorwurf aus dem Weg, Sie würden sich nicht oder nicht genügend um Ihr Kind kümmern. Es gibt Schulen, die Eltern genau diesen Vorwurf machen, besonders dann, wenn nur ein Elternteil die Erziehungsberechtigung hat. Erste vorsichtige Gespräche mit Ihrem Kind bringen Sie vielleicht weiter. Wenn Ihr Kind ihnen erklärt, dass alles in Ordnung ist, bedrängen Sie es nicht weiter. Beobachten Sie sorgfältig, wie Ihr Kind von der Schule nach Hause kommt. Folgende Anzeichen (Olweus, 2006 et. al.) könnten Sie alarmieren. Ihr Kind

- kommt aus der Schule mit zerrissenen oder unordentlichen Kleidern, beschädigten Büchern.
- hat Prellungen, Verletzungen, Schnitte, Kratzer, für die es keine natürliche Erklärung gibt.

[27] Mobbingblog, *Weblog,* http://blog.schueler-mobbing.de/2007/06/13/was-soll-denn-das-du-machst-den-andern-ja-nur-angst/.

- bringt keine Klassenkameraden oder andere Gleichaltrige mit nach Hause, geht nicht zu anderen Klassenkameraden oder auf den Spielplatz.
- wird nie zu Parties eingeladen.
- ändert den Schulweg und nimmt Umwege in Kauf.
- verlangt zusätzlich Geld oder es stiehlt das Geld.
- die Schulleistungen verschlechtern sich zunehmend.
- möchte nicht mehr in die Schule gehen.

Auch im allgemeinen Verhalten oder Auftreten können Veränderungen beobachtet werden, die Sie nicht ignorieren sollten. Mögliche Anzeichen dieser Kinder sind:

- Sie sind vorsichtig, empfindsam, still, zurückgezogen, passiv, scheu, untergeordnet, sie können leicht in Tränen ausbrechen.
- Sie sind ängstlich, unsicher, unglücklich, besorgt, haben ein negatives Bild von sich selbst. Sie „signalisieren“, dass sie wertlos und unzulänglich sind.
- Sie können Körperangst haben, indem sie sich fürchten verletzt zu werden, sind körperlich untüchtig beim Spielen, beim Sport.

Die meisten Opfer zeigen eines oder mehrere der genannten Merkmale. Sie treffen auf den Typ „passives Opfer“ zu. Spätestens jetzt ist klar, dass Ihr Kind ein Problem hat, das beseitigt werden muss. Verharmlosen Sie das Problem Ihres Kindes nicht, indem Sie ihm sagen, dass das alles nicht so schlimm sei, dass es vorbeigeht. Für Ihr Kind ist das schlimm und im Falle von Mobbing geht es nicht vorbei!

Wie bereits gezeigt, gibt es eine weitere Kategorie von Opfern, die „herausfordernden oder provozierenden Opfer“, die eine Kombination von ängstlichen und aggressiven

Reaktionsmustern zeigen, vor allem dann, wenn sie sich ungerecht behandelt fühlen.

Zur Kategorie der herausfordernden Opfer scheinen auch Schüler mit ADS, ADHS, Hochbegabte und Asperger Autisten zu gehören. Es gibt zwar darüber keine eindeutigen Studien, aber in vielen Fällen treffen auf sie Merkmale herausfordernder Opfer zu (Olweus, 2006 et. al.). Sie sind:

- hitzköpfig und kampfbereit oder geben freche Antworten, wenn sie angegriffen oder beleidigt werden, aber ihre Reaktion bleibt für gewöhnlich ohne große Wirkung.
- hyperaktiv, rastlos, unkonzentriert und allgemein angriffslustig, erzeugen Spannungen. Sie zeigen Angewohnheiten, auf die Mitschüler ärgerlich oder ablehnend reagieren.
- offensichtlich unbeliebt, auch bei Erwachsenen, sogar bei Lehrern.

Der letzte Punkt ist problematisch. Wenn herausfordernde Opfer von Tätern provoziert werden, machen die das häufig so geschickt (natürlich auch bei anderen Opfern), dass sie selbst im Dunkeln bleiben. Mobbingtäter haben kein Interesse daran, dass ihr Tun offensichtlich und auffällig ist. Lehrer sehen für gewöhnlich nur die Opferreaktion und es kommt zu einer Fehleinschätzung der Situation. Die Opfer werden beschuldigt und bestraft, sie verlieren das Vertrauen in die Schule, in sich selbst, die Schulleistungen werden schlechter, ein Gefühl der Resignation und Ohnmacht stellt sich ein, aber auch der Wut.

Lehrer stellen den Leistungsabfall und das „aggressive und provozierende“ Verhalten fest, hinterfragen aber in den meisten Fällen die Gründe dafür nicht. Herausfordernde Opfer sind so oder so unbeliebt und die Abwärtsspirale nimmt seinen Lauf. Je mehr das Opfer auf seine Situation aufmerksam macht, je mehr es dagegen rebelliert, umso schlimmer wird es. Die beschriebenen körperlichen und seelischen Reaktionen stellen sich ein, während die Schule bereits einen Schulausschluss überlegt. Das Opfer ist lästig geworden und muss weg. Das ist wirklich ein Teufelskreis aus dem es kein Entrinnen zu geben scheint.

Im Anhang des Buches finden Sie einen Eltern und einen Schülerfragebogen mit Auswertung, mit denen Sie überprüfen können, ob bei Ihrem Kind Mobbing vorliegt. Die Fragebögen orientieren sich an den Mobbinghandlungen bzw. an den Reaktionen auf Mobbing.

.2 Was kann ich als Eltern-Erziehungsberechtigte tun?

Wenn Sie zur Überzeugung gekommen sind, dass Ihr Kind systematisch, vorsätzlich über einen längeren Zeitraum gemobbt wird, müssen Sie etwas tun. Wenn die Erwachsenen in der Arbeitswelt gemobbt werden, können sie sich dem durch Kündigung und Wechsel des Arbeitsplatzes entziehen. Ihr Kind kann nicht kündigen – obwohl die körperlichen Reaktion und das sich weigern in die Schule zu gehen genau das aussagen. Es besteht Schulpflicht und zudem sind sie vielerorts durch die sog. Schulbezirksverordung erst mal an eine bestimmte Schule gebunden. Je nach Bundesland gibt es dazu unterschiedliche Regelungen. Zunächst gilt: „Wohnort = Schulort“. Gibt es in größeren Orten mehrere Schulen gleichen Typs, so wird der Wohnort zusätzlich in weitere Schulbezirke unterteilt. Freie Schulwahl besteht für Realschulen, Gymnasien, berufliche Schulen. Natürlich können Sie sich auch für eine sog. Ersatzschule entscheiden. Das sind Privatschulen mit unterschiedlicher Trägerschaft.

Sie können auch nicht mehr dem Wunsch Ihres Kindes nachkommen, nichts zu unternehmen. Sie haben die moralische Pflicht zum Wohle Ihres Kindes einzugreifen, aber auch eine gesetzliche:

§ 1631BGB Inhalt und Grenzen der Personensorge

> *(1) Die Personensorge umfasst insbesondere die Pflicht und das Recht, das Kind zu pflegen, zu erziehen, zu beaufsichtigen und seinen Aufenthalt zu bestimmen.*
> *(2) Kinder haben ein Recht auf gewaltfreie Erziehung. Körperliche Bestrafungen, seelische Verletzungen und andere entwürdigende Maßnahmen sind unzulässig.*
> *Sie können einerseits die Hilfe des Familiengerichtes oder des Jugendamtes in Anspruch nehmen, andererseits, wenn Sie nichts unternehmen hat nach § 1666 BGB hat das Familiengericht einzugreifen:*[28]

§ 1666 BGB Gerichtliche Maßnahmen bei Gefährdung des Kindeswohls

> *(1)Wird das körperliche, geistige oder seelische Wohl des Kindes oder sein Vermögen gefährdet und sind die Eltern nicht gewillt oder nicht in der Lage, die Gefahr abzuwenden, so hat das Familiengericht die Maßnahmen zu treffen, die zur Abwendung der Gefahr erforderlich sind.* [29]

---

[28] § 1631BGB, *Inhalt und Grenzen der Personensorge,* http://dejure.org/gesetze/BGB/1631.html.
[29] § 1666 BGB, *Gerichtliche Maßnahmen bei Gefährdung des Kindeswohls,* http://dejure.org/gesetze/BGB/1666.html.

Gemeinsam mit der Schule haben Sie einen Erziehungsauftrag und auch eine Fürsorgepflicht Ihrem Kind gegenüber. Deswegen sieht das Schulgesetz Elternabende, Elternbeirat, Schulkonferenz o.ä. Gremien vor. (Die Benennungen weichen in den einzelnen Bundesländern voneinander ab.) Ziel dieser Gremien ist es, dass Eltern und Schule bei der Erziehung der Kinder zusammenarbeiten. Schule und Eltern unterstützen sich wechselseitig. Speziell bei Elternabenden stellt die Schule neben allgemeinen Informationen z.B. über Inhalte des Unterrichts, Notengebung, Hausaufgaben, Berufsorientierung, Schullaufbahnen auch ihre Vorgehensweise bei erzieherischen Problemen vor.

Jeder in der Klasse unterrichtende Lehrer hat eine feste Sprechstunde für die Anliegen der Eltern oder es kann ein Termin mit ihm vereinbart werden. Das gehört zu seinen Dienstpflichten und kann nicht abgelehnt werden. Im Mobbingfall ist die Schule ihr erster Ansprechpartner, denn dort haben sich die Mobbingfälle in der Regel auch abgespielt.

7.3 Das Schulgespräch

Vereinbaren Sie ein Gespräch mit dem Klassenlehrer und informieren Sie sich, um dessen Einstellung zu kennen. Bitte führen Sie das Gespräch persönlich und nicht am Telefon! Das Telefon dient lediglich zur Terminabsprache. Verzichten Sie des Weiteren auf einen Email-Kontakt. Es fühlt sich für beide Seiten anders an, wenn man sich gegenübersitzt und Sie können Reaktionen besser einschätzen. Bereiten Sie das Gespräch sorgfältig vor. Machen Sie sich dazu eine Liste aller Vorkommnisse in der Schule. Nennen Sie die Namen aller Beteiligten, denn Sie wollen ja, dass sich etwas ändert. Manchmal werden Eltern mit den abenteuerlichsten Argumenten ruhig gestellt und die Opferkinder leiden weiter. Es ist zu vermuten, dass das aus Unwissenheit geschieht, ein Vorsatz kann nicht unterstellt werden.

7.3.1 Behauptungen

In der telefonischen Beratung ist mir aufgefallen, dass zu Mobbing immer wieder dieselben Aussagen getroffen werden oder dieselben Annahmen vorherrschen.[30] Damit Sie argumentieren können, hier die häufigsten Erklärungen und was Sie darauf antworten können.

1. Behauptung: An unsere Schule gibt es kein Mobbing!

Diese Aussage wird damit begründet, dass Mobbing keine Straftat ist, dass Mobbing keine Krankheit ist, und dass Mobbing nicht im Schulgesetz vorkommt! Rein formal stimmt das, aber es ändert nichts an den Übergriffen auf Ihr Kind. Deswegen verwenden Sie im Erstgespräch nicht den Begriff Mobbing, sondern schildern Sie zunächst die Mobbinghandlungen, die Ihrem Kind widerfahren sind, bzw. teilen Sie dem Lehrer mit, was es erzählt hat.

2. Behauptung: Diese Mobbinghandlungen sind völlig normal, so ist das eben in der Pubertät, das dient der Positionierung innerhalb einer Rangordnung, da muss man durch usw.

Diese Behauptungen sind nur dann zutreffend, wenn diese Handlungen zwischen gleich Starken stattfinden, innerhalb eines kurzen Konflikts. Geschehen die Handlungen zielgerichtet auf

---

[30] siehe dazu: **Ebner, Werner**. (2014) Mobbingirrtümer - deswegen geht es weiter, BOD

einen Mitschüler, über einen längeren Zeitraum (6 Wochen - Monate) haben sie schwerwiegende Auswirkungen und es liegt Mobbing vor. Das können die Kinder nicht mehr selbst regeln, es ist eben nicht normal und da muss man auch nicht durch. Besonders dramatisch ist folgende Situation: Ihr Kind kommt mit Hämatomen (blaue Flecken) von der Schule nach Hause, weil es verprügelt wurde. (Oft gehörter) Kommentar der Lehrer: " Ihr Kind ist selbst schuld, es hat die Mitschüler provoziert."

Was geschieht, wenn ein Kind auf diese Art entwürdigt und beschämt wird? Sebastian B. der 18jährige Amokläufer von Emsdetten (November 2006) hinterließ:"

> *In der Schule wurde mir beigebracht, dass ich ein Verlierer bin. ... Ich war immer nur der Dumme. Nun müsst ihr dafür bezahlen".*

Scham als Folge entwürdigender Erfahrungen ist so schmerzhaft, kaum auszuhalten, dass sie abgewehrt werden muss. Die wichtigsten Formen der Schamabwehr sind (Stefan Marks, 2007):

Emotionale Erstarrung: *Gefühle wie Liebe, Trauer, Mitgefühl können nicht mehr gefühlt oder gezeigt werden. Diese emotionale Erstarrung kann zu einer chronischen Langeweile bis hin zum Selbstmord führen.*

Projektion: *Man sieht in den anderen dieselben Eigenschaften, für die man sich selber schämt und beschimpft sie mit entsprechenden Ausdrücken. (Looser, Schwächling usw..)*

Beschämung: *Andere werden gezwungen sich zu schämen. Dazu werden Mitschüler verhöhnt, gedemütigt, schikaniert, aus der Gemeinschaft ausgeschlossen - die typischen Mobbinghandlungen eben.*

Arroganz: *Durch herrisches, heldenhaftes Auftreten wird jeder Gedanke an Schwäche ausgemerzt. Das Gefühl, ein Nichts zu sein, wird mit protziger Männlichkeit bei Jungs oder generell mit vorgetäuschter Selbstsicherheit überspielt.*

Ehre: *Die von Scham und Schande Betroffenen bemühen sich ihre Ehre wieder herzustellen. Menschen tun Unglaubliches, wenn ihre Würde oder Ehre bedroht ist.*

Hinter der Scham-Abwehr steckt vielleicht ein Mensch, der verzweifelt um sein psychisches Überleben kämpft. Das könnte allen, die an Erziehung beteiligt sind ein Gedanke wert sein.

3. Behauptung: Das Opfer ist selbst schuld!

Es gibt opferbegünstigende Faktoren, die in der Persönlichkeitsstruktur, im sozialen Umfeld und in der Erziehung eines Kindes begründet sind. Dieselben Faktoren finden wir auch im Täterprofil. Allein deswegen wird ein Kind aber noch lange nicht zum Opfer. Das Abweichen von einer in der Lerngruppe bestehenden „Norm“ oder einfacher gesagt das „Anders sein“ reicht, damit die Attacken beginnen. Steht zu Beginn von Mobbing ein Konflikt der auf Grund eines Kommunikationsproblems nicht zufriedenstellend gelöst wurde beginnen die vorsätzlichen zielgerichteten Mobbinghandlungen, bei einem Ungleichgewicht der Kräfte. Das Opfer hat keine Schuld. Für eine erfolgreiche Veränderung ist es äußerst wichtig, dass eben keine Schuldzuweisungen oder eine einfache Täter-Opfer Zuweisung stattfinden. Das erfolgreichste Konzept, das ohne Schulzuweisung auskommt ist der sog. „No Blame Approach“, ein Interventionskonzept, das in England von Barbara Maines und George Robinson entwickelt wurde. (http://www.no-blame-approach.de)

4. Behauptung: Das geht wieder (von alleine) vorbei.

Es geht nicht vorbei, es nimmt kein Ende, wenn nichts unternommen wird. Weder Eltern noch das Opfer können das abstellen. Fragen Sie die Schule, woher sie weiß, dass das wieder von alleine vorbeigeht. Es gibt hunderte Berichte darüber auf http://www.schueler-mobbing.de und auf http://www.schueler-gegen-mobbing.de die genau das Gegenteil belegen.

5. Täter und Opferrollen werden verwechselt.

Weil Lehrer nicht genau hinschauen oder hinterfragen, bemerken sie nicht, wie die Täter vorgehen. Für Lehrer auffällig ist das Verhalten des Opfers und dessen Protestreaktionen sind deutlich erkennbar. Die tragische Folge: Das Opfer wird als Störenfried identifiziert und bestraft. Mit zunehmender Dauer der Mobbingattacken werden die Schulleistungen durch den Dauerstress immer schlechter. Lehrer hinterfragen den Leistungsabfall nicht, sondern etikettieren das Opfer. Eltern erfahren im Schulgespräch von den „neuen“ Eigenschaften und Verhaltensmustern ihrer Kinder und sind entsetzt. Und was ist der Profit für die Täter? Der sicher ungewollte Erziehungseffekt dabei ist: Täter wissen, dass sie mit „Gewalt“ erfolgreich sind.

Wer einen Gewalttäter schont, schlägt dem Opfer ins Gesicht! Gewalt wird so lange ausgeübt, wie sie sich lohnt! (Leymann,1993)

6. Behauptung: Mobbing kommt nur an Hauptschulen vor.

Alle Schularten sind davon betroffen. Die Täter kommen aus allen sozialen Schichten. Es gibt nur geringe Unterschiede zwischen männlichen und weiblichen Täter. Dasselbe gilt für die Opfer. (Klett Onlinestudie, 2005) R. Schlack und H. Hölling (2007) stellten in ihrer Untersuchung zu Gewalt an Schulen fest, dass an Hauptschulen 5,5%, an Realschulen 4,8%, an Gymnasien 4,0% und an Gesamtschulen 7% der Schüler ein oder mehrmals Opfer werden.

7. Behauptung: Mobbing ist eine Erscheinung in der Pubertät und somit vorübergehend.

Auch diese Äußerung ist falsch! Mobbing beginnt im Kindergarten. Bereits in den Klassen zwei und drei der Grundschule ist ein deutlicher Anstieg zu verzeichnen. (Jannan, 2008) In der Betrachtung der Altersjahrgänge zeigt sich eine stetige Zunahme der Täterrate vom 11. bis zum 15. Lebensjahr von 12,5 % auf 17,7 %, ab dem 16. Lebensjahr ist sie wieder geringer. Die Rate der ausschließlichen Opfer bleibt meist konstant um knapp 5 %. (R.Schlack & H. Hölling, 2007)

Die Schwierigkeit für die Schule besteht darin, Mobbing als solches zu erkennen. Schulen mit starker Orientierung auf Wissensvermittlung und Leistung haben meistens kein oder nur ein unzureichendes Konzept mit Mobbing umzugehen. Sie glauben erst dann eingreifen zu müssen, wenn körperliche Gewalt, Sachbeschädigung oder Diebstahl auftreten. Sie als Eltern haben dann das Problem, beim Lehrer erst mal Bereitschaft zur Mithilfe herstellen zu müssen. Mobbing erfordert intensive pädagogische und erzieherische Arbeit. Die traditionellen Maßnahmen wie Nachsitzen, Strafarbeiten, Tadel, Klassenbucheintrag greifen hier nur kurzfristig, wenn überhaupt.

- Sie können den Lehrer bitten, dass er Ihr Kind und auch den/die Täter über einen zu vereinbarenden Zeitraum genau beobachtet.
- Wichtig sind auch die Pausen, denn 50% der Mobbinghandlungen finden dort statt.
- Auch die anderen Lehrer, vor allem der Sportlehrer, die in der Klasse unterrichten sind mit in die Beobachtung einzubeziehen.
- Überlassen Sie den Lehrern eine Liste der Mobbinghandlungen, die ihrem Kind widerfahren sind, damit die wissen, was sie beobachten sollen.
- Machen Sie unmissverständlich klar, dass Sie diese Übergriffe auf Ihr Kind nicht hinnehmen werden.
- Zum Abschluss vereinbaren Sie einen neuen Termin, um die Ergebnisse besprechen zu können. Wenn Sie kein Gehör finden müssen Sie andere Wege gehen.

7.3.2 Das weitere Vorgehen

Ihr erstes Gespräch findet mit dem zuständigen Klassenlehrer statt. Machen Sie das persönlich, wie bereits erwähnt, und nicht am Telefon. Wenn Sie feststellen, dass keine Veränderung ein tritt ist ihre nächste Anlaufstelle die Schulleitung. Bitten Sie die Schulleitung um Mithilfe. Für Lehrer besteht wie auch für Eltern auch eine Fürsorgepflicht. Eine gute Idee ist es, um eine Konferenz aller in der Klasse unterrichtenden Lehrer zu bitten. Dort könnte ihr Fall besprochen und Maßnahmen beschlossen werden. Das hat zwei formale Vorteile:

1. Für jede Konferenz wird ein Protokoll erstellt. Damit ist der Vorfall „amtlich“ dokumentiert.

2. Beschlüsse der Konferenz sind für alle beteiligten Lehrer verbindlich. Wenn sich nur ein Lehrer ihres Problems annimmt, hat es bei Tätern nicht die volle Wirkung, die ihr Kind braucht.

Häufig kommt von der Schule der Vorschlag zu einem sog. „Runden Tisch Gespräch“ zwischen Täter, Tätereltern, Opfer, Opfereltern und Lehrern. In den meisten Fällen führte das zu einer Schwächung der Position des Opfers und die Mobbinghandlungen nahmen nach einer kurzen Verschnaufpause deutlich zu. Wenn ein solches Gespräch professionell moderiert wird – z.B. von einem externen Konfliktberater - steigen die Chancen. Der kostet allerdings Geld, das die Schule in der Regel nicht hat.

Bei Körperverletzung, Erpressung, Diebstahl muss eine Anzeige bei der Polizei erfolgen und zwar unabhängig davon, was die Schule unternimmt. Außerdem haben Sie einen Anspruch auf Schadenersatz. Wenn behauptet wird, dass das Kind an den Schikanen selbst schuld sei, müssen sich die Eltern zunächst kritisch fragen, ob das, was ihnen von der Schule entgegen gehalten wird, möglicherweise richtig ist. Erst wenn Sie sich ganz sicher sind, dass Sie Recht haben, können weitere Schritte unternommen werden. Wenn also das Gespräch mit der Schule keinen Erfolg hat, weil die Sache bagatellisiert wird oder weil sich die Schulleitung bemüht, den Lehrer zu decken, ist die Schulaufsichtsbehörde (Schulamt usw.) einzuschalten.

7.4 Einschaltung der Schulaufsicht

Dafür brauchen die Eltern keinen Dienstweg, sie können sich unmittelbar an die Behörde wenden. Verzichten Sie auch hier auf ein Telefongespräch, sondern bitten um ein persönliches

Gespräch. Da sie (hoffentlich) alles schriftlich dokumentiert haben, schicken Sie diese Unterlagen vorab z.B. per Post oder Fax ans Schulamt. Bitte halten Sie ihre schriftliche Dokumentation kurz, denn das erhöht die Lesebereitschaft des Schulaufsichtsbeamten. Ergänzungen dazu machen Sie im persönlichen Gespräch.

Der zuständige Schulaufsichtsbeamte wird mit der Schule Rücksprache halten, um sich zu informieren und sachkundig zu machen. Das geschieht in der Regel durch eine Stellungnahme der Schule. Ist dies im Vorfeld erfolgt ersparen sie sich „ein nettes Gespräch“, in dem ihnen mitgeteilt wird, dass man sich um die Angelegenheit kümmern wird. Sinnvoll ist es auch mit dem Schulamt einen angemessenen Zeitraum zu vereinbaren, nach dessen Ablauf ihnen schriftlich mitgeteilt wird, wie die Schulaufsichtsbehörde Ihren Fall sieht und welche Maßnahmen ergriffen werden. Damit die Schule den Ernst Ihres Anliegens und die Situation ihres Kindes begreift, ist es zweckmäßig, die Schulleitung von solchen Schritten vorher in angemessener Weise zu unterrichten und den eigenen Standpunkt noch einmal sachlich zu begründen. Erfolgt dann keine Reaktion, verfahren Sie wie beschrieben.

Eltern können eine Dienstaufsichtsbeschwerde verfassen, wenn es die Schule ablehnt, gegen einen oder gegen mehrere bestimmte Schüler bestimmte Ordnungs-maßnahmen zu ergreifen, ebenso gegen untätige oder ungeeignete Lehrer. In schwerwiegenden Fällen können die Eltern der Schulleitung oder der Aufsichtsbehörde eine Strafanzeige in Aussicht stellen sowie auf die Möglichkeit einer Amtshaftungsklage gem. § 839 BGB in Verbindung mit Art. 34 GG in geeigneter Form hinweisen. [31]

Selbstverständlich ist die Nennung der Paragrafen und das Vorgehen keine Rechtsberatung, sondern ein Hinweis auf weitere Möglichkeiten die sie haben. Sie brauchen, wenn Sie so vorgehen möchten auf jeden Fall einen Anwalt, der sich mit Ihrem Fall beschäftigt.

Es kann ihnen passieren, dass ihr einziger Ausweg ein Schulwechsel ist, wodurch Kosten entstehen, die die Schule durch Untätigkeit verursacht hat. Zur Durchsetzung dieser Ansprüche brauchen Sie einen Rechtsanwalt. Inwieweit die entstehenden Anwaltskosten von einer Rechtsschutzversicherung übernommen werden, muss vorher geklärt werden.

7.5 Beweispflicht

Alles was sie der Schule gegenüber vorbringen müssen Sie auch beweisen. Es reicht nicht zu sagen: „Mein Kind wird gemobbt“, in der Erwartung, dass daraufhin etwas unternommen wird. Es gibt unterschiedliche Auffassungen von dem was Mobbing ist und sehr vieles von dem, was in der Schule vorgeht, ist eben kein Mobbing. Auch die Schule braucht Konkretes, um handlungsfähig zu werden. Je mehr sie der Schule vorlegen können, umso besser für ihr Kind. Folgende Schritte haben sich in der Mobbingberatung als wirkungsvoll erwiesen:

- *Führen sie oder ihr Kind ein Mobbingtagebuch, in welchen alle Vorkommnisse mit Datum und Uhrzeit,*

---

[31] Siehe auch: http://www.psy.lmu.de/mobbing/mobbing/rechtliches_mobbing/Mobbing-aus-Sicht-der-Eltern.html

beteiligten, Zeugen, Art des Geschehens festgehalten sind. Es ist wichtig, das ganz sachlich, ohne eine Schuldzuweisung zu tun. Erklären sie ihrem Kind warum das sein muss.

- *Halten sie die Befindlichkeit ihres Kindes fest: Schlafstörungen, Rückenschmerzen, Konzentrationsprobleme, morgendliche Übelkeit und Erbrechen, Schulverweigerung, Verletzungen. Versuchen sie einen Zusammenhang mit schulischen Ereignissen herzustellen.*
- *Benennen sie Zeugen in Form von Mitschülern oder anderen Personen.*
- *Lassen sie sich von jedem Arztbesuch ein Attest geben, wenn sie die Hilfe eines Psychologen gebraucht haben, bitten sie ihn um ein Gutachten.*
- *Führen sie Gespräche mit der Schule grundsätzlich nicht am Telefon. Fertigen sie von dem Schulgespräch ein kurzes Protokoll an, in dem sie alle besprochenen Themen festhalten oder besser, sie nehmen eine Person ihres Vertrauens mit, die das Gespräch protokolliert. Dadurch können sie sich besser konzentrieren und sie haben zudem einen Zeugen.*
- *Wenn die Angriffe im Internet erfolgt sind, über Chatrooms, Foren oder Online-Plattformen, speichern Sie die Einträge auf der Festplatte eines Computers und drucken das Ganze aus. Wenn sie nicht wissen, wie das geht, holen sie sich Hilfe von jemandem, der das kann. Die Ausdrucke legen sie der Schule vor.*
- *Genauso verfahren sie bei SMS oder Videoclips, die sie auf dem Handy ihres Kindes finden. Auch die lassen sich auf der Festplatte eines Computers speichern.*

7.6 Was tun, wenn der Lehrer mobbt?

Das ist sicher eine der schwierigsten zu bewältigenden Situationen. Mobbing muss deutlich abgegrenzt sein von gelegentlichen Entgleisungen eines Lehrers oder Äußerungen negativer Art. Es muss ein systematisches Anfeinden oder Schikanieren vorliegen, das über einen längeren Zeitraum geht und genau gegen ihr Kind gerichtet ist. Protokollieren Sie jeden Vorfall mit Datum, Uhrzeit und falls vorhanden, benennen Sie Zeugen. Machen Sie sich keine Gedanken darüber, ob die Zeugen auch für Sie bzw. Ihr Kind aussagen würden. Zitieren Sie den Lehrer möglichst im Wortlaut.

Sie können mit dem Lehrer ein persönliches Gespräch vereinbaren und ihn mit seinen Äußerungen und Taten konfrontieren. Sie müssen sich aber dessen bewusst sein, dass der Lehrer die Schuld bei Ihrem Kind suchen und eine ganze Reihe von Verfehlungen aufzählen könnte. Prüfen Sie sehr genau was er Ihnen entgegen hält und wägen Sie sorgfältig ab. Wenn Sie zu dem eindeutigen Ergebnis gekommen sind, dass ein Fehlverhalten vorliegt, können Sie weitere Schritte ankündigen oder unternehmen. Von diesem Gespräch fertigen Sie für sich ein Protokoll. Er muss das nicht unterschreiben.

Beobachten Sie in der Folgezeit sehr genau, was in der Schule geschieht. Tritt keine Besserung ein, wenden Sie sich an den Schulleiter. Der Schulleiter kann ihnen zunächst nur zusichern, dass er sich darum kümmern wird. Er ist laut Schulgesetz verpflichtet erst mal seine Lehrer zu schützen. Auch dem Schulleiter machen Sie klar, dass Sie das Lehrerverhalten nicht dulden werden. Genau diesen Schritt trauen sich viele Eltern nicht, denn sie befürchten Repressalien durch die Lehrer, etwa durch (vorsätzlich gegebene) schlechte Noten. Das wissen auch die Lehrer und genau deswegen werden sie besonders sorgfältig sein, damit man ihnen diesen Vorwurf nicht machen kann.

Selbstverständlich können Sie auch eine Dienstaufsichtsbeschwerde einleiten oder zivilrechtliche Wege beschreiten, wie weiter oben schon beschrieben. Besser ist es, wenn alle am Prozess Beteiligten an einer gemeinsamen, einvernehmlichen Lösung arbeiten, das setzt allerdings Bereitschaft dazu voraus.

7.7 Was man bei Mobbing besser nicht tun sollte

In sehr vielen Beratungsgesprächen hörte ich den Satz: „Ich habe schon alles probiert und nichts hat geholfen". Ich habe mir dann erzählen lassen, was die Eltern mit welchem Ergebnis unternommen haben. Dabei stellte sich aus Elternsicht eine Logik heraus, die zwar verständlich ist, aber im günstigsten Fall keine gewünschte Veränderung erbringt. Meistens trat nach kurzer Zeit eine Verschlimmerung der Mobbingsituation ein. Die Frage, „warum funktioniert das nicht?" war unter anderem auch Gegenstand des Mobbing-Telefon Projektes, das von der Ludwig Maximilian Universität in München und von der Universität Freiburg durchgeführt wurde (Studie Mobbing Telefon Projekt, 1999/2000).[32]

Wenn Eltern festgestellt haben, dass ihr Kind Mobbingopfer ist, neigen sie dazu, zuallererst den Eltern des oder der Täter anzurufen. Leider bringt das keineswegs den gewünschten Effekt, nämlich dass das Mobbing aufhört. Ganz im Gegenteil, die Aktivitäten nehmen nach ein kurzen Pause zu 100 % zu. Das kann folgende Gründe haben:

---

[32] [32] siehe dazu auch: **Ebner, Werner**. (2014) Mobbingirrtümer - deswegen geht es weiter, BOD

- Die Eltern der Täter nehmen ihr eigenes Kind in Schutz und somit das aggressive Verhalten in Kauf.
- Sie bestrafen ihr Kind und der Täter lernt am „Vorbild“ der Eltern, dass Strafe das passende Mittel ist, um sein Ziel zu erreichen. Wen wird der Täter wohl als nächstes „bestrafen“?
- Die Täter-Eltern interessieren sich nicht für Ihr Anliegen und machen ihnen und ihrem Kind massive Vorwürfe.

Das Ergebnis ist immer dasselbe: Mobbing geht weiter. Deswegen der eindeutige Appell an die Opfer-Eltern:

Wenn Sie nicht wollen, dass alles schlimmer wird, dann reden Sie nicht mit den Eltern des/der Täter!

Nachdem das Gespräch mit den Tätereltern nichts gebracht hat, keimt der Gedanke auf, den Täter selbst zur Rede zu stellen. Die Eltern des Opfers werden versuchen Mitgefühl beim Täter zu wecken. Noch heftiger wird die Reaktion, wenn dem Täter gedroht wird. Sie benutzen dieselbe Ebene wie die Täter auch und setzen sich in dasselbe Unrecht. Selbst wenn Ihnen das egal ist, bewirken Sie damit nur das Gegenteil. Der Täter interpretiert das direkte Einschreiten der Eltern als Schwäche des Opfers, das sich nicht selbst wehren kann. Er fühlt sich aufgewertet. Drohen kann dazu führen, dass der/die Täter das Opfer für das „Petzen“ bestrafen

Auch Lehrer neigen zu dieser Erstreaktion indem sie im Gespräch mit der Klasse konkret Bezug auf das Opfer und den/die Täter nehmen. Täter werden voraussichtlich das Opfer für sein Beschweren bestrafen, denn sie wissen bereits aus der bisherigen Erfahrung, dass sie das ohne ernst zu nehmende Konsequenzen tun können. Die Mitschüler lernen aus dieser

Lehrerreaktion, dass man als Opfer vor der Klasse bloßgestellt wird und als Täter die erwünschte Aufmerksamkeit erfährt.

Als Eltern sollten Sie nicht mit dem Täter reden, als Lehrer nicht in der genannten Weise mit der Klasse darüber sprechen, Sie verschlimmern dadurch die Situation.

Diskussionen über Mobbing sind grundsätzlich dann sinnvoll, sofern keine Schüler direkt angesprochen werden. Dies ist zum Beispiel im Rahmen einer Besprechungsstunde (Klassenrat) einmal in der Woche möglich. Als Einstieg eignet sich dafür ein Rollenspiel, ein Lesestück mit verteilten Rollen, Post aus dem so genannten Kummerkasten o. Ä. Dadurch wird nicht nur diskutiert, sondern die Rollen werden erfahrbar gemacht.

Im fortgeschrittenen Stadium müssen Eltern das Gespräch mit der Schule, suchen. Auch wenn die Schule das einfordert, dass ihr Kind bei diesem Erstgespräch dabei sein soll, verweigern sie seine Teilnahme. Gehen sie einfach alleine, bzw. mit einem „Zeugen“ hin, ohne dies vorher anzukündigen. Ersparen sie ihrem Kind die Scham, die es dabei empfinden würde.

Lehrende neigen dazu, die Schuld für das Mobbing zunächst beim Opfer zu suchen. Sie erinnern sich: „Da ist er/sie selbst schuld, zum Streiten gehören zwei, da muss er/sie durch …“ Besser ist es, mit dem Lehrer zu vereinbaren, dass ihr Kind unmittelbar nach einem Vorfall den Lehrer informiert und ihn um Hilfe bittet.

Nehmen Sie Ihr Kind nicht zu Lehrergesprächen mit, um ihm die Scham zu ersparen.

Selbstverständlich werden die Lehrer beide Seiten, Opfer und Täter zu den Vorkommnissen befragen müssen, aber nicht im Beisein der Eltern. Alle Maßnahmen, die die Lehrer ergreifen müssen so ausgelegt sein, dass sie effektiv und einfach sind und somit nachhaltig wirken. Idealerweise beteiligten sich daran alle Lehrer, wie bereits erwähnt.

Wenn wirksame Maßnahmen ergriffen wurden, glaubt die Schule damit sei die Angelegenheit vom Tisch und die Maßnahmen können eingestellt werden. Das ist leider nicht so. Die Schüler lernen aus der Situation, dass zwar Unannehmlichkeiten auftreten, wenn sie jemanden schikanieren, aber auch, dass diese nicht von langer Dauer sind. Das Opfer wird also in Zukunft massiver schikaniert, damit es nicht wieder petzt. Diese Inkonsequenz der Lehrer verstärkt die Aggression bei den Schülern.

Weder Lehrer noch Eltern dürfen auf keinen Fall nach kurzfristiger Besserung wieder locker lassen sondern müssen konsequent bleiben. Mobbing ist keine einmalige Reparatur, sondern ein längerer Prozess.

Bitte unterlassen sie es die Gründe für das Mobbing bei ihrem Kind zu suchen. Für das Opfer bedeutet das eine klare Schuldzuweisung. Sie übertragen ihm die ganze Verantwortung für das Entstehen aber auch für das Beenden von Mobbing. Das Opfer ist schon hilflos und verzweifelt und wird dadurch noch stärker in eine für ihn/sie „unlösbare“ Situation gedrängt. Es müssen Maßnahmen ergriffen werden, bei denen das Opfer auch versteht, dass das Verhalten der anderen unangemessen und falsch ist und dass jeder Opfer von Mobbing werden kann. Alle Beteiligten (Opfer, Täter und Mitschüler etc.) sollten begreifen, dass Mobbing ein erlerntes Verhalten ist, welches keinesfalls toleriert wird. Dafür ist die Schule zuständig. Das können sie als Eltern nicht leisten.

Machen Sie Ihrem Kind als Opfer keine Schuld.

Allen Beteiligten muss außerdem klar sein, dass Mobbing kein Problem zwischen bestimmten Personen ist, sondern dass an dem Prozess alle beteiligt sind. Mitläufer und auch die schweigende Restgruppe der Klasse tragen zur Verstärkung des Problems bei, genauso wie untätige, wegschauende Lehrer.

Gemäß des von Watzlawick (1969) viel zitierten Axioms „Man kann nicht nicht kommunizieren!“ bedeutet dies übertragen auf die Mobbingprozesse: „**Man kann nicht nicht handeln**“. Das bedeutet, auch ein Nicht-Reagieren bzw. Tolerieren von Mobbinghandlungen führt zur Bestärkung der Täter und zur Isolation des Mobbing-Opfers. Lehrer sollten aggressiven Kindern klar zu verstehen geben, dass ihr Verhalten nicht geduldet und nicht akzeptiert wird und vor allem betonen, dass es dabei keine Rolle spielt, gegen wen es sich richtet. Geschieht das nicht verfestigen sich Täter und Opferrolle und eine Veränderung wird immer schwieriger.

Mobbing darf nicht als isoliertes Problem zwischen bestimmten Personen behandelt werden, denn es geht alle an, Lehrer, Schüler, Eltern.

Bei ungenügender oder verweigerter Hilfestellung durch die Schule oder bei Einzelproblemen mit Lehrern keimt bei Eltern der Gedanke auf, dass ein Klassenwechsel oder gar Schulwechsel die Lösung des Problems sein könnte. Klassen- oder Schulwechsel sieht das Schulgesetz als Ordnungsmaßnahme vor. Das bedeutet für ihr Kind, dass es für seine Opferrolle zusätzlich bestraft wird. Deswegen werden sie oft von solchen Kindern hören, dass sie trotz der Schikanen gerne in die Schule gehen und keinesfalls wechseln möchten. Ein Klassen oder Schulwechsel ist zudem nicht so einfach. Hätte das der Gesetzgeber in der gewünschten Form ermöglicht, wäre ein geregelter Schul- und Lernbetrieb nicht mehr möglich, weil ein ständiger Wechsel gefordert und stattfinden würde.

Täter wollen Aufmerksamkeit. Wenn das Opfer die Klasse verlässt, wäre das aggressive Verhalten eine wirkungsvolle Bestätigung. Erfolgsverwöhnt sucht sich der Täter einfach ein neues Opfer. Das Opfer hingegen lernt, dass Weglaufen ein Weg zur Problemlösung ist, und dass es keine Sicherheit oder Schutz erwarten kann. Das erhöht die Angst, dass es auch von den neuen Klassenkameraden schikaniert wird und genau das geschieht dann sehr häufig. Es gibt keine Garantie, dass es in einer anderen Klasse oder an einer anderen Schule besser wird, wie viele Beispiele aus dem Forum von Schueler-Mobbing belegen:

> *Eigentlich wurde ich schon gemobbt seitdem ich denken kann-einschulung würd ich sagen. seitdem lief es in KEINEM meiner 10 1/2 Jahren Schule gut. egal auf welcher schule ich war mobbing verfolgte mich.*[33]

Ein Klassen- oder Schulwechsel sollte das letzte Mittel sein und nur dann angewendet werden, wenn alle anderen Möglichkeiten versagen. Eine therapeutische Begleitung ist dringend angezeigt um das Risiko von Rückschlägen zu minimieren.

---

[33] Schueler-Mobbing, *Forum,* http://www.schueler-mobbing.de/mobb/modules/newbb/viewtopic.php?topic_id=1161&forum=1&3.

8

Hilfen

8.1 Welche Schule braucht mein Kind?

Wenn ein Schulwechsel die „letzte“ Lösung ist, ist es wichtig sich die neue Schule genau anzuschauen. Dazu ein paar grundsätzliche Überlegungen.

Gewalt und insbesondere Aggression sind untrennbar mit unserem Leben verbunden. Es ist deshalb unmöglich, ein gewaltfreies bzw. aggressionsfreies Zusammenleben zu erreichen. Das muss man akzeptieren. Deswegen kann das Bestreben nach "Gewaltfreiheit" nicht unser Ziel sein, sondern das Bestreben von Eltern und der Schule muss es sein, Erziehung so zu gestalten, dass Gewalt und Aggression so wenig als möglich auftreten können, und die Mitmenschen möglichst wenig geschädigt werden. Eine Eskalation ist grundsätzlich zu unterbinden.

Wie erreichen wir das?

Alle erfolgreichen Maßnahmen gegen Gewalt in der Schule haben etwas gemeinsam: Es gibt in der Schule *verbindliche Regeln und Absprachen*, an die sich alle halten, Schüler, Lehrer, Eltern. Diese Regeln sind beispielsweise in einem Leitbild oder in einem Schulprofil niedergeschrieben oder in einer Schul- bzw. Hausordnung und jedem an der Schule Beteiligten bekannt. Wenn ihr Kind die Schule wechseln soll, dann lassen sie sich dieses Leitbild/Profil geben.

Es gibt eine Schulidentität, die das Wir-Gefühl unterstützt. Dieses Wir-Gefühl sorgt dafür, dass Ausgrenzungen in jeglicher Form so gering als möglich gehalten werden. Für das Wir-Gefühl in der Schule spielt auch die Schulleitung eine wichtige Rolle, denn sie ist maßgeblich an jeder Umsetzung beteiligt.

Gewalttätiges Verhalten wird nicht ignoriert, es wird hingeschaut und sofort mit einer Reihe gestaffelter Maßnahmen beantwortet. Dabei sind pädagogische Maßnahmen wirkungsvoller als die Anwendung von Ordnungsmaßnahmen des Schulgesetzes. Der Arbeitsaufwand für die Lehrerinnen und Lehrer ist größer als üblich, der notwendige Einsatz und das Engagement deutlich höher. Die Lehrerinnen und Lehrer sind sich ihrer Verantwortung bewusst und wissen, dass sie durch ihr Verhalten ein Vorbild geben, das nachgeahmt wird.

Es gibt Vorkommnisse, da darf es nicht mehr der Schule oder einzelnen Lehrern überlassen sein, ob eine Sanktion verhängt wird! Liegt im juristischen Sinne eine Straftat vor, z.B. bei Körperverletzung. Erpressung, Zerstörung von Eigentum, muss eine Strafanzeige erfolgen. Die Schule hat keine Möglichkeit, im Falle von Straftaten von einer Anzeige abzusehen, bzw. die Angelegenheit selbst regeln zu wollen. Die Schulleitung beziehungsweise die betreffende Lehrperson macht sich in diesem Fall der Strafvereitelung schuldig.[34]

Schule ist ein Ort des Lernens und so sollte auch die Organisation der Schule sein. Es gibt so genannte *nicht lernende Schul-Organisationen* und *lernende Schul-Organisationen*. Bei der Wahl der Schule für ihr Kind sollten sie darauf achten, dass sie eine lernende Schul-Organisation vorfinden. Nicht lernende Schul-Organisationen (Kasper 1998, S217) haben u.a. folgende Merkmale:

[34] Dipl. - Psych Albert Zimmermann, "Gewalt und Vandalismus: Grundlagen erfolgreicher Prävention und Intervention," http://www.elternverein-nrw.de/veranstaltungen/gewalt_und_vandalismus_kernaussagen.htm.

- Viele und starre Regeln, strenge Kontrollen,
- Unterdrückung oder Eliminierung abweichender Meinungen,
- Strenge Fehlerbewertung,
- kühle, feindselige Atmosphäre,
- Ablehnung der Teamarbeit, wenig Fortbildungsbereitschaft, Konkurrenzdenken u.v.m.

Lernende Schul-Organisationen (Kasper 1998, S217) haben u.a. folgende Merkmale:

- Wenige und flexible Regeln,
- Kontrollen werden auf das Notwendigste beschränkt,
- abweichende Meinungen werden begrüßt,
- Toleranz gegenüber Fehlern,
- offene und freundliche Atmosphäre,
- Betonung der Kollegialität und der Zusammenarbeit,
- schulinterne Fortbildungen,
- Gesprächsbereitschaft zur Lösung von Problemen u.v.m.

Informieren Sie sich bei der Schule, wie sie den Unterricht und das Schulleben gestaltet oder befragen Sie Eltern der „neuen Schule" und treffen sie dann ihre Wahl.

8.2 Wie können Sie ihrem Kind helfen?

Mobbingopfer haben geprägt durch ihre Erfahrung die Einstellung, dass sie sowieso nichts bewirken können (Gerald Hüther, 2009 et. al.). Diese Haltung ist nur sehr schwer zu ändern. Bisher ging man davon aus, dass man Menschen dadurch verändern kann, dass man sie aufklärt und mit ihnen redet. Man hat versucht sie zu unterrichten, ihnen Informationen auf den Weg gegeben, ihnen gute Ratschläge erteilt. Wie die tägliche Praxis zeigt, lässt sich Mobbing so nicht verändern.

Kinder können nur dann lernen und sich verändern, wenn sie aktiv in den Gestaltungsprozess eingreifen können. Zum Lernen gehört auch, sich in andere hineinversetzen zu können indem man erkennt, was in dem anderen vor sich geht, was der fühlt und was der für Absichten hat. Kinder wollen irgendwo dazu gehören, sie wollen Aufgaben an denen sie wachsen können und sie brauchen Vorbilder, an denen sie sich orientieren können.

Und was geschieht tatsächlich? Sicherheitsbietende Bindungen werden aufgelöst, orientierungs- und haltbietende Normen werden untergraben, man gibt ihnen keine Werte, Normen und Aufgaben mehr, an denen sie wachsen können. Man fördert einen übersteigerten Wettbewerb bereits vom Kindergarten an, hat überzogene Leistungsansprüche und bewertet das Konkurrenzprinzip über. Dazu kommen die Erwartungen der Eltern, was die schulischen Leistungen ihrer Kinder anbelangt. *Bedenken Sie, Noten sind eine Zahl auf einem Stück Papier und von sehr vielen subjektiven Faktoren abhängig.* Welche Kopfnote (Verhalten, Mitarbeit) wird Ihr Kind als Opfer wohl bekommen, wenn es aus welchen Gründen auch immer zum Täter gestempelt wird?

Wenn Sie Ihr Kind in der Opfersituation vorfinden, müssen Sie sehr sensibel auf die akute Situation reagieren. Folgende grundsätzliche Tipps können Sie je nach aufgetretener Situation befolgen:

- ***Nehmen Sie ihr Kind ernst****, wenn es von Gewalttaten erzählt oder gar verletzt nach Hause kommt. Wenn Sie* *die Geschichte verharmlosen, vermitteln Sie dem Kind das Gefühl nicht ernst genommen zu werden.* ***Unterlassen Sie jegliche Beschwichtigungen.***

- ***Erzählen Sie Ihrem Kind, dass an ihm nichts falsch oder schlecht ist.*** *Raten Sie Ihrem Kind, nicht zu zögern, einem Erwachsenen – z. B. einem Lieblingslehrer – darüber zu berichten, das Einverständnis des Lehrers vorausgesetzt.*

- ***Besprechen Sie*** *mit Ihrem Kind an welchen Plätzen, Schulweg, Bushaltestelle, Klassenzimmer, Fachraum, Pausenhof, Schülertoilette, Umkleidekabine, Treppenhaus usw. - die Angriffe passieren und wie Ihr Kind diese Orte meiden bzw. Unterstützung bekommen kann.*

- ***Raten Sie Ihrem Kind****, nicht zu versuchen, sich durch Süßigkeiten oder andere Geschenke von den Attacken „freizukaufen“. Erfüllen Sie keine Forderungen Ihres Kindes nach zusätzlichem Geld. Finden Sie heraus ob es erpresst wird und erstatten Anzeige.*

- ***Legen Sie eindeutige Regeln fest und setzen klare Grenzen****. Das Überschreiten der Regeln muss Konsequenzen haben, sonst sind sie sinnlos, zu Hause und in der Schule! Ihr Kind würde lernen, dass es zwar Regeln gibt, gegen die man problemlos verstoßen kann. Erziehen Sie ihr Kind bei einem Regelverstoß dazu, dass es Verantwortung für sein Verhalten übernimmt, indem es einen Ausgleich schaffen muss.*

- ***Leben Sie gewaltfreie Konfliktlösungen*** *vor und zeigen ihrem Kind andere Möglichkeiten zur* *friedlichen Konfliktlösung auf, wenn Sie das können. Der erste Schritt dazu ist, dass Sie auf Schuldzuweisungen verzichten.*

- ***Arbeiten Sie eng mit Kindertagesstätten oder Schulen zusammen*** *und holen sich dort Anregungen, wenn sie ein erzieherisches Problem haben. Beteiligen Sie sich an Elterngremien und runden Tischen, wo über Gewaltphänomene und Vorbeugungsmöglichkeiten gesprochen wird.*

- ***Helfen Sie ihrem Kind*** *beim Lösen von Alltagsproblemen, Lernschwierigkeiten, persönlicher Isolation oder mangelndem Zuspruch in der Schule. Dazu können* **sie seine Stärken fördern,** *die z.B. im sportlichen oder musischen Bereich liegen. Aber Vorsicht vor einer Fehleinschätzung. Computer können durchaus eine „Stärke" ihres Kindes sein, doch es besteht die Gefahr, dass es sich hierbei nur um eine Ersatzbefriedung handelt.*

- ***Holen Sie sich Unterstützung*** *bei Erziehungsberatungsstellen, Jugendämtern, dem schulpsychologischen Dienst, kirchlichen Beratungsstellen. Es ist keine Schande, solche Stellen einzuschalten und Sie müssen sich deswegen auch nicht schämen. Bedenken Sie immer, es ist für Ihr Kind und könnte ihm helfen. Diese Angebote sind kostenlos und je öffentlicher Sie das Problem machen desto mehr unterstreichen Sie Ihren Willen, dass es gelöst wird.*

- *Wenn es in der Schule einen Beratungslehrer, Präventionslehrer oder einen Schulsozialarbeiter gibt sind auf jeden Fall* **Gespräche** *mit den genannten*

Personen ratsam. Die können auch zwischen der Schule und den Eltern vermitteln, wenn es darum geht eine Lösung zu finden.

- *Wenn die Mobbinghandlungen schon fortgeschritten sind, ist professionelle* ***Hilfe durch Psychologen oder Psychotherapeuten*** *sicher ratsam. Klären Sie die Kostenfrage indem Sie bei Ihrer Krankenkasse nachfragen.*

8.3 Was tun, wenn Ihr Kind zum Täter geworden ist?

Eine neue, groß angelegte Studie aus den Niederlanden (2010) zeigt, dass die Motive der meisten Täter ein Streben nach Status und Zuneigung sind. Die Langzeitstudie wurde von Forschern der Universität Groningen in den Niederlanden durchgeführt, und die Ergebnisse wurden in der Märzausgabe 2010 des Fachjournals Child Development veröffentlicht. (Veenstra et al., 2010)

Für ihre Studie befragten die Forscher fast 500 Grundschüler im Alter von neun bis zwölf Jahren und kamen zu dem Schluss, dass Mobbingtäter im Allgemeinen ihre Opfer dominieren wollen, um so einen höheren Status zu erreichen. Dabei sind sie aber bemüht, es sich nicht mit ihren anderen Klassenkameraden zu verscherzen, und wählen als Opfer solche Kinder, die schwach und bei anderen nicht beliebt sind. Kurzum, selbst Mobbingtäter sind sehr auf die Zuneigung anderer bedacht und wollen sie nicht aufs Spiel setzen.

Die Täter kommen aus allen sozialen Schichten. Die Gründe dafür sind sehr vielschichtig und es gibt kein „Kochrezept“ für die Abhilfe. Eindeutig ist, dass Kinder und Jugendliche, die zu Aggressionen und Gewalthandlungen neigen, Hilfe brauchen, um gewaltfördernde Einflüsse in ihrer Lebenssituation dauerhaft zu verändern.

Sie können selbst versuchen herauszufinden, was Ihr Kind aggressiv macht. Scheuen Sie sich nicht, professionelle Hilfe anzunehmen, wenn Sie sich damit überfordert fühlen. Informieren Sie sich dazu bei Erziehungsberatungsstellen oder dem Jugendamt, wo Sie professionelle Hilfe und Unterstützung erhalten können.

- *Sprechen Sie mit Ihrem Kind über* ***die Auswirkungen von Gewalttaten*** *für das Opfer, aber auch darüber, welche Konsequenzen sie für den Täter haben. Auch wenn es noch nicht im Erfahrungsbereich ihres Kindes liegt, machen Sie ihm klar, dass die Konsequenzen bis weit ins Erwachsenenalter z.B. bei der Jobfindung eine bedeutende Rolle spielen können.*
- *Verdeutlichen Sie Ihrem Kind: Es gibt immer einen der noch stärker, noch rücksichtsloser, noch gemeiner ist und plötzlich wird der Täter selbst zum Opfer.*
- *In unserer multikulturellen Gesellschaft ist das Verständnis für andere, fremde Kulturen wichtig.* ***Fördern Sie*** *bei Ihrem Kind das Verständnis für diese Menschen. Unterbinden Sie Gewalt, Beleidigungen, Beschimpfungen und menschenverachtenden Äußerungen. Setzen Sie Grenzen und machen klar, dass Sie solche „Entgleisungen" nicht dulden.*
- ***Gewalt wird von unserer Gesellschaft abgelehnt und verurteilt.*** *Sollte Ihr Kind im Verdacht stehen, an einem Gewaltdelikt beteiligt zu sein, braucht es Ihre Unterstützung zur Lösung dieses Problems. Geben Sie ihm die Chance auf einen Neubeginn.*

Über das Aufklären allein und reden kommt man nicht an die Haltungen heran, die Ihr Kind als Täter eingenommen hat, genauso wenig über die Emotionen. Ein Mobbingtäter, wird sein

„Spiel“ nicht aufgeben, auch nicht, wenn Sie ihn den ganzen Tag umarmen, küssen und ihm sagen wie lieb sie ihn haben. Er wird auch nicht aufgeben, wenn Sie ihn auf sein Mitgefühl für das Opfer ansprechen. Die Antwort auf die Frage nach dem Warum (er das tut) wird lauten „der ist doch selbst Schuld“

Eine Möglichkeit die man hat, einmal entstandene Haltungen zu verändern, besteht darin, dass man die Kinder dafür begeistert neue Erfahrungen zu machen. Ein Kind braucht Erfolgserlebnisse. Wenn das bisher eine tolle Erfahrung war, seinen Mitschüler zu mobben, brauchen Täter eine neue Erfahrung, zu der man sie inspiriert. Sie - oder ein Anderer - müssen herausfinden, was die wirklichen Bedürfnisse Ihres Kindes sind. Ihr Kind muss diese Bedürfnisse befriedigen können, dann verliert es mit hoher Wahrscheinlichkeit sein Interesse als Täter Aufmerksamkeit zu bekommen. Dann muss es keine Macht mehr ausüben, um sein Ziel zu erreichen. Es hat eine neue Haltung eingenommen und dadurch ein neues Verhalten gelernt.

Andere Vorschläge gehen in die Richtung eines Anti-Aggressionstrainings. Hierbei handelt es sich um ein Training, das sich im Strafvollzug bewährt hat. Damit soll den Tätern einerseits die Lust an Gewalttaten genommen, andererseits ihr Mitgefühl für die Opfer geweckt werden. Lernziele sind die offene und faire Konfrontation, eine konstruktive Art zu streiten, Toleranz Menschen gegenüber, die vielleicht nicht in das eigene Denkschema passen.

9

Cybermobbing

9. Cybermobbing

Das Auftreten neuer Formen von Mobbing und Gewalt an Schulen und in der Freizeit hängt unmittelbar mit der Entwicklung neuer Medien zusammen. Web 2.0, Social Networks, Semantic Web sind die Schlagwörter dafür und haben zu einem spektakulären Anstieg der Möglichkeiten der Vernetzung mit anderen Menschen geführt. Es kann sich hierbei um nahe stehende Personen handeln wie Nachbarn, Klassenkameraden, Verwandte, aber auch um völlig Fremde, weltweit.

Eine aktuelle Studie (BITKOM, Jugend 2.0, Januar 2011) stellt fest, dass Jugendliche die am besten vernetzte Altersgruppe sind: 98 Prozent der 10- bis 18-Jährigen nutzen das Internet und zwar besonders in drei Bereichen: Zur Suche von Informationen, für Multimedia wie Filme und Musik und zur Kommunikation vor allem mit Freunden. Drei Viertel (76 Prozent) der jungen Nutzer suchen Informationen für Schule oder Ausbildung im Netz. 64 Prozent haben nach eigenen Angaben so ihr Wissen verbessert, 38 Prozent ihre Leistungen in Schule oder Ausbildung. Zwar überwiegen positive Erfahrungen im Internet, doch es gibt auch Schattenseiten. 18 Prozent der jungen Surfer wurden schon einmal beleidigt oder belästigt. Das betrifft ältere Teenager, die das Web intensiver nutzen, häufiger als Kinder.

Da der Einsatz neuer Medien in den Bildungsplänen festgeschrieben ist, sind auch hier die Lehrer gefordert. Auch wenn die Internetaktivitäten und die damit verbundenen Attacken vorwiegend „außerhalb“ der Schule geschehen, haben die Lehrer hier eine erzieherische Verantwortung. Aufklärung und Prävention müssen zur pädagogischen Arbeit zwingend gehören.

Noch mehr sind die Eltern gefordert, die oft nicht wissen, was auf den Handy's oder den PC's im Kinderzimmer gespeichert ist.

Laut der BITKOM Studie (BITKOM, Jugend 2.0, Januar 2011) wird das Internet vor allem auch dazu genutzt, um sich mit Freunden auszutauschen oder Freundschaften zu schließen. Bedauerlicherweise werden solche online-Beziehungen vermehrt von Verleumdungen, Beschimpfungen und Gewalt begleitet. Dies geschieht vor allem auf sog. „Social Communitys", auf denen sich die Schüler ein Profil zulegen und mit anderen austauschen. Weitere Tätigkeitsfelder sind Foren, Blogs, Videoportale oder selbst erstellte Homepages.

Das Versenden oder Posten von verletzendem Material, oder andere Formen sozialer Grausamkeit durch das Internet oder andere digitale Medien wie z.B. Mobiltelefone nennt man **Cyberbullying**. Um anderen zu schaden werden dabei Fotos, Videos, SMS, verwendet.

9.1 Konsequenzen

Die Konsequenzen daraus sind klar: Online-Kommunikation kann extrem bösartig sein. Es gibt *keinen Ausweg* für die, die online gemobbt werden. Sie werden 7 Tage in der Woche rund um die Uhr zum Opfer. Die Cyberbullying-Materialien können weltweit verbreitet und dann oft nicht mehr gelöscht werden. (Google und andere Suchmaschinen „vergessen" nicht!) Cyberangreifer sind anonym und können als unbekannte Freunde auftreten, so dass die Opfer nicht wissen, wem sie vertrauen können. Die Opfer wollen Erwachsenen nicht sagen, was online oder über ihre Handys passiert, da sie emotional traumatisiert sind und denken es sei ihr Fehler, eine Strafe befürchten oder befürchten, dass ihnen das Internet oder das Handy verboten werden. Sie empfinden ein Höchstmaß von Scham und ihre meist einzige Scham-Abwehrreaktion ist die emotionale Erstarrung.

Auch viele Jahre nachdem ein Jugendlicher die Schule verlassen hat, können ihn diese „Umtriebe“ noch einmal einholen. Es ist durchaus üblich, dass ein Personalchef vor einem Bewerbungs- Einstellungsgespräch sich erst mal über den Bewerber im Internet informiert. Das geschieht meist über das sog. „Screening“ auf Facebook oder auf XING und natürlich über die Suchmaschinen.

Sie können von sich selbst oder von ihrem Kind ein Profil im Internet erstellen, indem sie Vor- und Nachname in Google eingeben. Schließen sie in ihre Online-Suche noch www.123people.de und www.yasni.de ein.

9.2. Happy Slapping

Happy Slapping ist die unerwartete Attacke auf ein Opfer, während Freunde des Angreifers das Vorgehen filmen. Mehr oder weniger brutal schlagen sie zu und demütigen und beschämen die Opfer zutiefst. Sie verwenden dafür die Kamera eines Mobiltelefons, um die Clips später über Bluetooth zu verbreiten und sie wiederholt abzuspielen. Moderne Mobiltelefone haben einen direkten Zugang zu Videoplattformen wie Youtube. Innerhalb weniger Sekunden werden die Clips direkt nach dem Angriff online gestellt.

Ein beliebtes Ziel sind Lehrer, die im Unterricht heimlich gefilmt werden. Häufig werden dabei die Clips mit Bildbearbeitungs- und Videoschnittsoftware verfremdet, die inzwischen auf jedem PC kostenloser Bestandteil des Betriebssystems sind. Vor dem online Stellen versieht man die Clips mit Kommentaren und Musik. Und die Rechtfertigung der Angreifer für ihr Tun: " Das ist nur ein Spiel, das ist doch Spaß".

9.3 Chatrooms – Messenger

Äußerst beliebt sind Chatrooms, Messenger o.ä. auf denen man sich verabredet. Die Jugendlichen kommen ziemlich schnell zur Sache, um Handynummern auszutauschen oder sich persönlich zu treffen. Es gibt immer wieder Menschen, die diese Chatrooms dazu benutzen, Kinder und Jugendliche zu einem Date zu überreden, damit sie ihre Neigungen befriedigen können: Ausübung von sexuellen Handlungen, Anwendung von körperlicher Gewalt, Zufügen von Schmerzen jeglicher Art.

9.4 Das können Eltern tun

Sie sollten einen Überblick darüber haben, wofür sich ihre Kinder im Netz interessieren. Setzen Sie sich gemeinsam mit Ihrem Kind vor den PC und lassen sich erklären, was Ihr Kind da macht. Kinder sind von dem Medium begeistert und erklären Ihnen gerne was sie tun und wie es funktioniert. Richten Sie Ihr Augenmerk vor allem auf das Profil Ihres Kindes. Wichtig ist der Umgang mit persönlichen Daten. Gerade für Kinder und Jugendliche ist ein hohes Maß an Privatsphäre notwendig. Die Sorglosigkeit und Offenheit, mit der persönliche Daten ins Netzt gestellt werden, kann sich, wie bereits verdeutlicht, auch Jahre später noch sehr nachteilig auswirken. Deswegen sollten nur gute Bekannte in Communitys auf Bilder und Kontaktdaten zugreifen können. Je weniger Informationen frei zugänglich sind, desto weniger Angriffsfläche wird unbefugten Nutzern geboten. Grundsätzlich sollten keine peinlichen Bilder online gestellt werden. Selbst wenn sie gelöscht wurden gibt es immer noch Kopien an anderen Stellen.

Wer Fotos von Freunden macht, darf sie nicht beliebig ins Netz stellen. Die Abgebildeten dürfen bestimmen, ob und wo die Bilder veröffentlicht werden. Daher sollten Eltern ihre Kinder bitten, keine Fotos von anderen zu veröffentlichen, ohne zu fragen. Gleichzeitig müssen Urheberrechte beachtet werden: Musik, Fotos, Filme und andere Inhalte dürfen nicht beliebig kopiert und weiterverwendet werden, wenn der Rechteinhaber es nicht erlaubt hat.

Das Internet ist ein wichtiger Bestandteil im Leben von Kindern und Jugendlichen, aber nicht der einzige. Andere Hobbys, Schule oder Ausbildung dürfen dabei nicht zu kurz kommen. Deshalb sollten Eltern mit ihren Kindern eine zeitliche Begrenzung der Internetnutzung vereinbaren.

Wenn Kinder das Internet auf eigene Faust erkunden, müssen sie vor möglichen Gefahren geschützt werden. Dafür bieten Internet-Browser Filter gegen Gewalt- und Sex-Darstellungen. Sinnvoll erscheint das Anlegen eines eigenen Nutzerprofils im Browser (Firefox, Internet Explorer, Opera, Safari oder andere) für die Kinder. Für jugendgefährdende Inhalte gibt es Kinderschutz-Software. Besonders Kindern im Grundschulalter hilft es, wenn die Eltern ihnen im Internet-Programm eine Liste mit Lesezeichen (Favoriten) anlegen. Dort können zum Beispiel geeignete Spiel- oder Lern-Webseiten gespeichert werden. Auch eine Standard-Startseite für Online-Sitzungen lässt sich im Internet-Programm einstellen – etwa das Lieblings-Portal des Kindes. Im Anhang VI finden Sie eine Reihe Kinderschutzprogramme mit Bezugsquellen.

9.5 Zusammenfassung Cybermobbing

Aus der vermeintlichen Anonymität des Internets heraus werden oftmals alle Regeln des zivilen Miteinanders aufgegeben: Internet- oder auch Cyber-Mobbing steht für das ungehemmte Verbreiten von Un- oder Halbwahrheiten. Selbst vor der Manipulation von Bildmaterial wird nicht haltgemacht.

Die Gefahr der Vereinsamung der Schüler mittels Intranet oder Internet und deren möglichen Organisationsformen scheint groß zu sein. Bildschirmgestützte Teamarbeit durch Weblogs, Webquest's und Lernplattformen machen nach meinen Erfahrungen nur dann ernsthaft Sinn, wenn der Lehrer oder Trainer beim Einsatz dabei ist. Schüler brauchen den Social Support, denn er ist ein grundlegendes menschliches Bedürfnis. Soziale Kontakte und eine vollständige Kommunikation muss zur Prävention von Mobbing und Gewalt in Schulen gefördert werden.

10 Schlusswort

Bei Mobbing handelt es sich um einen sehr komplexen Mechanismus, der durch ein vielschichtiges Ursachensystem entsteht. Alle tragen dazu bei, Täter, Opfer, Mitläufer, passive Mitschüler, Lehrer, Eltern. Hier spielen die Interaktion unter Mitschülern, die Organisation der Schule, die soziale Dynamik einer Schulklasse, diverse Persönlichkeiten und Absichten beim Mobbingtäter eine wichtige Rolle.

Eine Hauptursache für die Entstehung von Mobbing in der Schule liegt in Störungen auf der kommunikativen Ebene. (vgl. Leymann, 1995) Sie haben erfahren, dass Lehrer nicht oder zu wenig für solche Situationen ausgebildet sind. Deswegen ist es so wichtig, dass Sie als Eltern eng mit der Schule zusammenarbeiten und gemeinsam Lösungen anstreben.

Die immer wieder kehrende Frage von Opfern, warum gerade ich, warum muss das mir passieren, kann nicht wirklich beantwortet werden. Mobbing kann als Chance verstanden werden, zu einer starken Persönlichkeit heranwachsen zu dürfen, wenn es gelingt die Opferrolle zu überwinden. Mobbing ist eine der größten Herausforderungen im Leben eines Menschen, gleichgültig in welchem Alter es ihm wiederfährt und entsprechend groß kann sein Wachstum sein. Durch dieses Erlebnis kann jedes Opfer eine Menge über sich selbst erfahren. Es lernt Werkzeuge kennen mit denen es sein Leben meistern kann, und die es wahrscheinlich niemals auf andere Weise gelernt hätte.

Die schulische Erfahrung mit Mobbing war mir persönlich sehr nützlich für den weiteren Verlauf meines Lebens. Sie lässt mich erkennen, was wirklich wichtig ist in meinem Leben und was ich brauche um erfüllt und glücklich zu sein.

11.Literaturliste

Aggressionsentwicklung zwischen Normalität und Pathologie. (2005): Göttingen: Vandenhoeck & Ruprecht,.

Alsaker, Françoise D. (2004): Quälgeister und ihre Opfer: Mobbing unter Kindern - und wie man damit umgeht. Bern: Huber.

Alsaker, Françoise D., Nägele, Christof, and Valkanover, Stefan. (2005): Mobbing im Kindergarten: Beschimpft, geplagt und ausgelacht. Bern: Universität Bern. Abt. Entwicklungspsychologie.

Bäuerle, Siegfried. (1985): Schülerfehlverhalten: Lehrertraining zum Abbau von Schülerfehlverhalten in Theorie u. Praxis. Regensburg: Wolf.

Bauer, Joachim. (2007): Das Gedächtnis des Körpers: Wie Beziehungen und Lebensstile unsere Gene steuern. 9th ed. München: Piper.

Bauer, Joachim. (2007): Warum ich fühle, was du fühlst: Intuitive Kommunikation und das Geheimnis der Spiegelneurone. 4th ed. München: Heyne.

Bauer, Joachim. (2008): Lob der Schule: Sieben Perspektiven für Schüler, Lehrer und Eltern. München: Heyne.

Bauer, Joachim. (2008): Prinzip Menschlichkeit: Warum wir von Natur aus kooperieren. München: Heyne.

Blum, Heike, Beck, Detlef. (2010): No blame approach: Mobbing-Intervention in der Schule; Praxishandbuch. Köln: Fairend.

Brinkmann, Ralf D. (2002): Mobbing, Bullying, Bossing: Treibjagd am Arbeitsplatz ; Erkennen, Beeinflussen und Vermeiden systematischer Feindseligkeiten ; mit Tabellen. 2nd ed. Heidelberg: Sauer.

Dambach, Karl E. (2009): Mobbing in der Schulklasse. 3rd ed. München: Reinhardt, Ernst.

Dröscher, Vitus B. (1989): Weiße Löwen müssen sterben: Spielregeln der Macht im Tierreich. Hamburg, Germany: Rasch und Röhring.

Ebner, Werner. (2012): Mobbe und herrsche!, BOD März

Eibl-Eibesfeldt, Irenäus. (1969): Grundriß der vergleichenden Verhaltensforschung: Ethologie. München: Piper.

Eibl-Eibesfeldt, Irenäus. (1986): Die Biologie des menschlichen Verhaltens: Grundriß der Humanethologie. Bewahrung der Gruppenidentät S. 409-417. 2nd ed. München u.a: Piper.

Eisenberger, N.I &. L. and M.D. (2006): Neural responses to emotional stimuli are associated with childhood family stress: eScholarship, University of California.

Eisenberger, N.I &. L. and M.D. (2006): Early family environment, current adversity, the serotonin transporter promoter polymorphism, and depressive symptomatology. S 294-300: eScholarship, University of California.

Esser, Axel, and Wolmerath, Martin. (2008) Mobbing: Der Ratgeber für Betroffene und ihre Interessenvertretung. 7th ed. Frankfurt am Main: Bund-Verl.

Gollnick, Rüdiger, and Böcker, Tina. (2008): Schulische Mobbing-Fälle: Analysen und Strategien. Berlin : Lit.

Guggenbühl, Allan. (2008) Anleitung zum Mobbing. Oberhofen am Thunersee: Zytglogge.

Hanewinkel, Reiner, and Knaack, Reimer. (1997): Mobbing: Gewaltprävention in Schulen in Schleswig-Holstein. Kronshagen, Kiel: ITPS; GUVV.

Heinemann, Peter-Paul, and Thorén, Kjell. (1972): Mobbing: Gruppvåld bland barn och vuxna. Stockholm: Natur och kultur.

Heyse, H., and Sieland, Bernhard. (2008): "Lehrergesundheit als kollegiale Aufgabe: Für eine Kultur der Würdigung und Anerkennung." SchulVerwaltung: 4–7.

Holtappels, Heinz G. (2009): Forschung über Gewalt an Schulen: Erscheinungsformen und Ursachen, Konzepte und Prävention ; [wissenschaftliche Fachtagung im September 1996 in Bielefeld]. 5th ed. Weinheim: Juventa-Verl.

Hurrelmann, Klaus, and Bründel, Heidrun. (2007): Gewalt an Schulen: Pädagogische Antworten auf eine soziale Krise. Weinheim ;, Basel: Beltz.

Jannan, Mustafa. (2010): Das Anti-Mobbing-Buch: Gewalt an der Schule - vorbeugen, erkennen, handeln. 3rd ed. Weinheim ;, Basel: Beltz.

Kasper, Horst. (1998): Mobbing in der Schule: Probleme annehmen, Konflikte lösen. Lichtenau, Weinheim ; Basel: AOL-Verl; Beltz.

Kasper, Horst. (2004): Konfliktmanagement. 2nd ed. Lichtenau: AOL-Verlag.

Kasper, Horst. (2008): Schülermobbing - tun wir was dagegen!: Klasse 5-13 ; Smob-Fragebogen mit Anleitung und Auswertungshilfe. 5th ed. Buxtehude: AOL.

Klett, Kristian. (2005) "Gewalt an Schulen." Dissertation, Köln. http://kups.ub.uni-koeln.de/volltexte/2006/1617.

Largo, Remo H. (2008): Kinderjahre. Die Individualität des Kindes als erzieherische Herausforderung. 15. Aufl. München [u.a.]: Piper.

Largo, Remo H. (2010): Babyjahre. Entwicklung und Erziehung in den ersten vier Jahren. Vollst. überarb. Neuausg. München: Piper.

Largo, Remo H. (2012): Lernen geht anders. Bildung und Erziehung vom Kind her denken. Ungekürzte Taschenbuchausg., Originalausg. München, Zürich: Piper.

Leymann, Heinz. (1993): Mobbing: Psychoterror am Arbeitsplatz und wie man sich dagegen wehren kann. Reinbek bei Hamburg: Rowohlt Taschenbuch Verlag.

Leymann, Heinz. (1995): Der neue Mobbing-Bericht: Erfahrungen und Initiativen, Auswege und Hilfsangebote. Reinbek bei Hamburg: Rowohlt.

Litzcke, Sven, and Schuh, Horst. (2007): Stress, Mobbing und Burn-out am Arbeitsplatz: [Umgang mit Leistungs- und Zeitdruck : Belastungen im Beruf meistern ; mit Fragebögen, Checklisten, Übungen] ; mit 4 Tabellen. 4th ed. Heidelberg: Springer.

Lorenz, Konrad. Das sogenannte Böse: Zur Naturgeschichte der Aggression. 25th ed. München: Dt. Taschenbuch-Verl,

Marks, Stephan. (2007): Scham - die tabuisierte Emotion. Düsseldorf: Patmos.

Mühlbacher, Jürgen. (2003): Rollenmodelle der Führung: Führungskräfte aus der Sicht der Mitarbeiter. 1st ed. Wiesbaden: Dt. Univ.-Verlag.

Olweus, Dan. (1993): Bullying at School: What We Know and What We Cando: Blackwell Publishers.

Olweus, Dan. (2006): Gewalt in der Schule: Was Lehrer und Eltern wissen sollten - und tun können. 4th ed. Bern: Huber.

Schaarschmidt, Uwe. (2005): Halbtagsjobber? Psychische Gesundheit im Lehrerberuf - Analyse eines veränderungsbedürftigen Zustandes. 2nd ed. Weinheim, Basel: Beltz.

Schäfer, Mechthild, and Herpell, Gabriela. (2010): Du Opfer! Wenn Kinder Kinder fertigmachen ; der Mobbingreport. Reinbek bei Hamburg: Rowohlt.

Schäfer, Mechthild, and Korn, Stefan. (2005): "Gewalt fängt im Kleinen an: Zur Stabilität von Mobbing zwischen Grund- und weiterführender Schule." In Aggressionsentwicklung zwischen Normalität und Pathologie. Göttingen: Vandenhoeck & Ruprecht.

Scheithauer, Herbert. (2003): Bullying unter Schülern: Erscheinungsformen, Risikobedingungen und Interventionskonzepte. Göttingen: Hogrefe.

Schlack, R. H. H. (2007): Gewalterfahrungen von Kindern und Jugendlichen im subjektiven Selbstbericht. Erste Ergebnisse aus dem Kinder- und Jugendgesundheitssurvey (KiGGS): KiGGs: Springer Medizin Verlag 2007.

http://www.kiggs.de/experten/downloads/Basispublikation/Schlack_Gewalt.pdf.

Schulz Thun, Friedemann von. Miteinander reden: Störungen und Klärungen. Allgemeine Psychologie der Kommunikation. 44th ed. Reinbek bei Hamburg: Rowohlt-Taschenbuch-Verl.

Schulz Thun, Friedemann von. Miteinander reden: Stile, Werte und Persönlichkeitsentwicklung; Differentielle Psychologie der Kommunikation. 44th ed. Reinbek bei Hamburg: Rowohlt-Taschenbuch-Verl.

Schulz Thun, Friedemann von. (2007): Miteinander reden: Das "Innere Team" und situationsgerechte Kommunikation. Reinbek bei Hamburg: Rowohlt-Taschenbuch-Verl.

Schulz Thun, Friedemann von. (2008): Stile, Werte und Persönlichkeitsentwicklung: Differentielle Psychologie der Kommunikation. 29th ed. Reinbek bei Hamburg: Rowohlt-Taschenbuch-Verlag.

Selye, Hans. (1991): Stress beherrscht unser Leben: Das Standardwerk des Pioniers der Stressforschung. München: Wilhelm Heyne, c1957.

Sieland, Bernhard. (2009): "Lehrergesundheit als Pflichtaufgabe angehender Lehrkräfte und ihrer Lehrerbildner: Diagnosegeleitete kooperative Selbstprofessionalisierung in der Lehrerausbildung." "Lehrergesundheit" in der Ausbildung der Lehrer/innen: 12–21.

Vester, Frederic. (2003): Phänomen Streß: Wo liegt sein Ursprung, warum ist er lebenswichtig, wodurch ist er entartet? 18th ed. München: Deutscher Taschenbuch Verlag.

Watzlawick, Paul. (2005): Wie wirklich ist die Wirklichkeit? Wahn, Täuschung, Verstehen. München,Zürich, Piper.

Watzlawick, Paul, Bavelas, Janet Beavin, and Jackson, Don D. (2011): Menschliche Kommunikation: Formen Störungen Paradoxien. 12th ed. Bern: Verlag Hans Huber.

Studien – empirische Untersuchungen

Baier, Dirk; Christian Pfeiffer, Julia Simonson, and Susann Rabold. (2009): "Jugendliche in Deutschland als Opfer und Täter von Gewalt: Erster Forschungsbericht zum gemeinsamen Forschungsprojekt des Bundesministeriums des Innern und des KFN." http://www.kfn.de/versions/kfn/assets/fb107.pdf. (download 23.06.2014)

BITKOM Jugend 2.0. Eine repräsentative Untersuchung zum Internetverhalten von 10- bis 18-Jährigen, Bundesverband. 10117 Berlin-Mitte, Albrechtstraße 10 A: Informationswirtschaft, Telekommunikation und neue Medien e. V. http://www.bitkom.org/files/documents/BITKOM_Studie_Jugend_2.0.pdf. (download 23.04.2014)

Brandl, Marion. (2006): Gibt es Zusammenhänge zwischen Mitschülerrollen bei Mobbing und den Grundlagen der subjektiven Entscheidungsfindung beim Hilfeverhalten? München, 1. Oktober 2006.

http://www.psy.lmu.de/mobbing/laufende_projekte/magisterarbeiten/mainColumnParagraphs/03/document/Magisterarbeit_Brandl%20.pdf (download 23.04.2014

Bund für Soziale Verteidigung, Minden. (2008): No Blame Approach - Evaluationsbericht. Köln/Minden. http://www.noblameapproach.de/media/downloads/EvalutionsberichtNoBlameApproach.pdf (download 23.04.2014)

Duncan, Greg J.; Ziol-Guest, Kathleen M.; Kalil, Ariel (2010): Early-childhood poverty and adult attainment, behavior, and health. In: *Child Dev* 81 (1), S. 306–325. Download 28.04.2014: http://onlinelibrary.wiley.com/doi/10.1111/j.1467-8624.2009.01396.x/abstract

Enquete Kommission. Kinder in Baden Württemberg. Drucksache 11/3919. (Google 20.04.2014)

Expertenkreis Amok. (2010): Prävention, Intervention, Opferhilfe, Medien. https://wiki.piratenpartei.de/wiki/images/8/86/BERICHT_Expertenkreis_Amok_25-09-09.pdf.(download 24.04.2014)

Habermeier, Verena. (2006): Mobbing als Gruppenphänomen: Zum Zusammenhang zwischen Mitschülerrollen und Freundschaften bzw. sozialem Status. München, Oktober. http://www.psy.lmu.de/mobbing/laufende_projekte/magisterarbeiten/mainColumnParagraphs/05/document/Magisterarbeit_Habermeier.pdf (download 24.04.2014)

Kalbe, Wolfgang. (2003): Scham--Komponenten, Determinanten, Dimensionen. Frankfurt am Main ; New York: P. Lang.

KIM Studie 2008. "Kinder+Medien, Computer+ Internet." http://www.mpfs.de/index.php?id=133 (download 24.10.2014).

Knaack, Reimer, Eichler, Dorette, and Eipper, Sabine. "Prävention von Aggression und Gewalt an Schulen: Ergebnisse einer Interventionsstudie.". http://www.zpid.de/psychologie/PSYNDEX.php?search=psychauthors&id=0124620 (download 24.10.2014)

Kolodej, Christa. (2005): Mobbing: Psychoterror am Arbeitsplatz und seine Bewältigung ; mit zahlreichen Fallbeispielen und Tipps für Betroffene, Führungskräfte und BeraterInnen. Wien: WUV.

Landscheit Karl. Treat Assessment in Schools: A guide to managing threatening situations and to creating safe school climates. Washington DC, 2002. http://www.schulpsychologie.de/wws/bin/567882-569930-1-landscheidt4.pdf. (download 24.04.2014)

Livingstone, Sonia. (2011): Risks and safety on the internet: Full findings and policy implications from the EU Kids Online survey of 9 - 16 year olds and their parents in 25 countries. London: EU Kids Online. (Google, download 24.04.2014)

Meschkutat, Bärbel, Stackelbeck, Martina, and Langenhoff, Georg. Der Mobbing-Report: Eine Repräsentativstudie für die Bundesrepublik Deutschland. Dortmund: Bundesanstalt für Arbeitsschutz und Arbeitsmedizin, 2002. http://www.baua.de/cae/servlet/contentblob/682700/publicationFile/46973/Fb951.pdf (download 24.04.2014)

Mobbing Telefon Projekt. Mobbing Telefon Projekt. München, Freiburg, Januar 2002. http://mobbing-in-schulen.de/media/mobbing_telefon_report.pdf. (dl 20.04.2014)

Ottlik, Alexander. Inwieweit werden Lehrer, wenn sie mit Mobbing unter Schülernkonfrontiert sind, durch ihre persönlichen Einstellungen und das Klima ihres Arbeitsumfeldes beeinflusst. München, September 2005 http://www.psy.lmu.de/mobbing/laufende_projekte/magisterarbeiten/mainColumnParagraphs/00/document/Magisterarbeit_Ottlik.pdf (download 24.04.2014)

Pinheiro, Paulo S. (2006): World report on violence against children. Geneva: United Nations Publ, (Google 24.04.2014).

Rosario Ortega, Joaquín (2007): A. M.-M. a. T. J. Gewalt, Mobbing und Bullying in der Schule Die Rolle der Medien, Kommunen und des Internet. Landau. (Google 24.04.2014)

Saller Susanne. (2006): Bullying an Schulen zur Erziehungshilfe: Quantität und Qualität in Abhängigkeit von bestimmten Kontextfaktoren. München, 2006. http://www.psy.lmu.de/mobbing/laufende_projekte/magisterarbeiten/mainColumnParagraphs/07/document/Magisterarbeit_Saller.pdf (download 24.04.2014)

Schäfer, Mechthild. (2004): Bullying als Gruppenphänomen: Eine Adaptation des »Participant Role« Ansatzes, 2004 Zeitschrift für Entwicklungspsychologie und Pädagogische Psychologie 2004: 19–21. http://www.bildungsforschung.uni-wuerzburg.de/pruefung/pdf/04_schaefer_in_zfeppp_bullying.pdf (download 24.04.2014)

Schmidt, Jan-Hinrik, Paus-Hasebrink, Ingrid, and Hasebrink, Uwe. (2009): Heranwachsen mit dem Social Web: Zur Rolle von Web 2.0-Angeboten im Alltag von Jugendlichen und jungen Erwachsenen. Düsseldorf, Berlin: Landesanstalt für Medien Nordrhein-Westfalen; Vistas. https://www.lfm-nrw.de/fileadmin/lfm-nrw/Forschung/LfM-Band-62.pdf (download 24.04.2014)

Studie - Doennebrinck. Entwicklung eines Konzeptes zur Prävention von Gewalt und Mobbing am Beispiel des Anti-Bullying-Programms für die Mittel- und Oberstufe der Pestalozzischule. Dortmund: Seminar für das Lehramt für Sonderpädagogik, Mai. http http://www.liesenhoff.de/andrea/sa/2-sa_doennebrinck.pdf .(download 24.04.2014)

Unicef. Gewalt gegen Kinder. https://www.unicef.de/informieren/infothek/-/un-studie-ueber-gewalt-gegen-kinder/24922 (download 24.04.2014)

ZEPF, Rosario O. J. A. M.-M. T. J. "Gewalt, Mobbing und Bullying in der Schule Die Rolle der Medien, Kommunen und des Internet." 2007. http://www.bullying-in-school.info/uploads/media/E-Book_German_01.pdf.

DVD

Hüther, Gerald. Die Macht der virtuellen Bilder- Gewaltprävention und Medien: Amazon.de, 2008.

Hüther, Gerald. Ohne Gefühl geht gar nichts- worauf es beim Lernen ankommt: Amazon.de, 2009.

Anhang

Anhang I Der Mobbingtest- Schüler

Der Mobbingtest – Schüler ist dafür konzipiert, dass Schüler damit prüfen können, ob sie von Mobbing betroffen sind. Er eignet sich im schulischen Einsatz auch für Lehrkräfte, die feststellen möchten, ob in ihrer Klasse Mobbing vorkommt. Die jeweils zutreffende Aussage wird angekreuzt, und am Schluss die Summe der Punkte aus den markierten Aussagen gebildet. Die Testauswertung gibt eine erste Einschätzung.

Genau so wird beim Mobbingtest – Eltern verfahren. Dabei ist den Eltern zu raten, bei Verdacht erst mal diesen Test zu machen. Bei Verletzungen, Sachbeschädigungen und Diebstahl müssen Sie in jedem Fall mit der Schule reden. Sie müssen wissen, was mit Ihrem Kind in der Schule geschieht und natürlich muss die Schule informiert werden, damit sie handlungsfähig wird.

Ob Du bereits Mobbing - Opfer bist, kannst Du leicht mit diesem Test überprüfen.

1. Deine Möglichkeiten, sich frei zu äußern sind stark eingeschränkt. 20P
2. Du gehörst einer anderen Nationalität oder Religion an, als die anderen in Deiner Klasse. 15P
3. Du wirst von Deinen Mitschülern nie privat eingeladen. 5P
4. Du wirst mit Telefonterror belästigt. 20P
5. Die Mitschüler verstummen, wenn Du den Raum betrittst. 10P
6. Man lacht über Dich. 10P
7. Man spricht nicht mehr mit Dir. 20P
8. Du wirst ständig kritisiert. 15P
9. Man verbreitet Gerüchte über Dich. 15P

10. Man greift Deine persönliche Meinung an. 10P
11. Du bist sexuellen Belästigungen mit Worten oder tätlich ausgesetzt. 20P
12. Man zwingt Dich Dinge zu tun, die Dein Selbstbewusstsein verletzen oder Dich beschämen. 20P
13. Man stellt Deine Entscheidungen in Frage. 10P
14. Man macht Deinen Gang, Deine Stimme, Dein Lachen... nach 20P
15. Man gibt Dir Aufgaben, die weit unter Deinem Können liegen. 15P
16. Man gibt Dir Aufgaben, die für Dich viel zu schwer sind. 10P
17. Man verdächtigt Dich, psychisch krank zu sein. 15P
18. Du hast keine Freude mehr an Deiner Arbeit. 15P
19. Du warst in letzter Zeit öfter krank. 15P
20. Du warst in letzter Zeit gereizt. 10P
21. Du gehst nicht zu Klassenfesten oder sonstigen freiwilligen Veranstaltungen der Schule. 10P
22. Dir wurde schon einmal körperliche Gewalt angedroht. 15P
23. Deine persönlichen Dinge werden beschädigt (Schulranzen, Bücher, Mäppchen, Fahrrad...) 10P
24. Du gehst weniger aus, als früher. 10P
25. Mitschüler werden gegen Dich aufgestachelt. 20P
26. Man macht Witze auf Deine Kosten. 20P
27. Mitschüler zu denen Du früher engeren Kontakt hattest, ziehen sich zurück. 15P
28. Du leidest an Schlafstörungen. 10P

Testauswertung
Gesamtpunktzahl **unter 40 Punkte:**
Du brauchst Dir keine Sorgen zu machen.

Gesamtpunktzahl **40 - 80 Punkte:**
Es kann der Anfang von einem Mobbing sein, kann aber auch andere Ursachen haben, wie Konflikte zu Hause oder im Freundeskreis.

Gesamtpunktzahl **80 - 165 Punkte:**
Du bist einem Mobbing ausgesetzt, musst aber nicht "das Handtuch werfen". Durch selbstbewusstes Auftreten und mutiges Ansprechen der Situation, könntest Du das Schiff noch wenden.

Gesamtpunktzahl über **165 Punkte:**
Du bist Opfer von Mobbing. Die Situation ist für Dich unerträglich und Du solltest dich nicht scheuen, Hilfe von außen zu holen[35]

Anhang II Der Mobbingtest - Eltern

Ob Ihr Kind bereits Mobbing - Opfer ist, können Sie mit diesem Test überprüfen. Ihr Kind

1. kommt öfters mit zerissenen, verschmutzten oder unordentlichen Kleidern aus der Schule. 20P
2. hat Prellungen, Verletzungen, Schnitte, Kratzer, für die es keine Erklärung gibt. 15P
3. wird von Mitschülern nicht zu Partys eingeladen. 15P
4. bringt keine Klassenkameraden mit nach Hause. 20P

---

[35] Eigene Anpassung an Mobbing in Schulen
Ursprung: Dr. Phil. Klaus Biedermann, Akademie für Systemisches Coaching
Internet: www.ascoach.com

5. geht nicht auf den Spielplatz (o.ä.) sondern sitzt lieber vor dem Computer, Fernseher, Spielebox. 10P
6. verlangt zusätzlich Geld oder Süßigkeiten. 20P
7. Die Schulleistungen verschlechtern sich zunehmend. 15P
8. klagt ständig über Kopfschmerzen, Bauchschmerzen, hat Einschlafstörungen. 20P
9. möchte nicht mehr zur Schule gehen. 15P
10. ist empfindsam, scheu, bricht leicht in Tränen aus. 10P
11. kommt häufiger wütend von der Schule und lässt die Wut an Ihnen oder den Geschwistern aus. 20P
12. verweigert das Frühstück oder erbricht. 20P
13. reagiert auf Ihre Fragen mit Gereiztheit. 10P
14. kann sich nicht mehr konzentrieren und braucht sehr lange für Hausaufgaben. 20P
15. hat seine Schulsachen „verloren“ oder sie sind beschädigt. 15P
16. verweigert den Sportunterricht. 10P
17. sagt Ihnen, dass es sich wertlos fühlt. 15P
18. Der Hausarzt stellt keine Auffälligkeiten fest, obwohl Ihr Kind offensichtlich krank erscheint 15P
19. nimmt plötzlich einen anderen Schulweg. 15P
20. bekommt ständig Telefonanrufe und erscheint danach „verändert“. 10P
21. klagt über Ungerechtigkeiten in der Schule. 10P
22. schläft sehr unruhig oder weint im Schlaf. 15P
23. verkriecht sich in seinem Zimmer und nimmt kaum noch am Familienleben teil. 5P
24. sagt Ihnen, dass es ein bestimmtes Unterrichtsfach nicht mag.
5P

Testauswertung

Gesamtpunktzahl **unter 40 Punkte:**
Sie brauchen sich keine Sorgen zu machen.

Gesamtpunktzahl **40 - 80 Punkte:**
Es kann der Anfang von einem Mobbing sein, kann aber auch andere Ursachen haben, wie Konflikte zu Hause, im Freundeskreis, in der Schule.

Gesamtpunktzahl **80 - 110 Punkte:**
Ihr Kind ist einem Mobbing ausgesetzt. Sprechen Sie mit Ihrem Kind, sprechen Sie mit der Schule. Durch mutiges Handeln kann das Schiff noch gewendet werden.

Gesamtpunktzahl über **110 Punkte:**
Ihr Kind ist Opfer von Mobbing. Die Situation ist unerträglich für Ihr Kind und Sie brauchen Hilfe von außen. [36]

[36] In Anlehung an Olweus: eigener Test

Anhang III Die Mobbinghandlungen

Der bedeutende Mobbing-Forscher Heinz Leymann klassifizierte die 45 verschiedenen, von ihm beobachteten Mobbing-Handlungen in die folgenden fünf Gruppen. Eine Mobbing-Handlung allein macht noch kein Mobbing aus. Nach Leymann geht es - andaptiert an schulische Verhältnisse - um

1. Angriffe auf die Möglichkeiten, sich mitzuteilen:

- Die Mitschüler schränken die Möglichkeiten ein, sich zu äußern.
- Man wird ständig unterbrochen.
- Lehrer schränken die Möglichkeiten ein, sich zu äußern.
- Anschreien oder lautes Schimpfen.
- Ständige Kritik an der schulischen Arbeit.
- Ständige Kritik am Privatleben.
- Telefonterror.
- Mündliche Drohungen.
- Schriftliche Drohungen.
- Kontaktverweigerung durch abwertende Blicke bzw. Gesten.
- Kontaktverweigerung durch Andeutungen, ohne dass man etwas direkt ausspricht.

2. Angriffe auf die sozialen Beziehungen:

- Man spricht nicht mehr mit dem Betroffenen.
- Man lässt sich nicht ansprechen.
- Ausschluss aus Gruppen im Unterricht oder beim Sport.
- Den Mitschülern wird verboten, den Betroffenen anzusprechen.
- Man wird „wie Luft“ behandelt.

3.Angriffe auf die Qualität der Schul- u. Lebenssituation:

- Man gibt dem Betroffenen keine Arbeitsaufgaben.
- Man ihm seine Schulsachen weg, so dass er sich nicht einmal mitarbeiten kann.
- Man gibt ihm sinnlose Arbeitsaufgaben.
- Man gibt ihm Aufgaben weit unter dem eigentlichen Können.
- Man gibt ihm ständig neue Aufgaben.
- Man gibt ihm „kränkende" Arbeitsaufgaben.
- Man gibt dem Betroffenen Arbeitsaufgaben, die seine Qualifikation übersteigen, um ihn zu überfordern.

4. Angriffe auf die Gesundheit:

- Zwang zu gesundheitsschädlichen Arbeiten.
- Androhung körperlicher Gewalt.
- Anwendung leichter Gewalt, zum Beispiel um jemandem einen „Denkzettel" zu verpassen.
- Körperliche Misshandlung. Man verursacht Kosten für den Betroffenen, um ihm zu schaden. (Schulsachen entwenden oder zerstören, Fahrrad kaputt machen …)
- Man richtet psychischen Schaden auf dem Schulweg oder in der Schule (Klassenzimmer, Pause, Klo) des/der Betroffenen an.
- Sexuelle Handgreiflichkeiten.

5.Auswirkungen auf das soziale Ansehen:

- Hinter dem Rücken des Betroffenen wird schlecht über ihn gesprochen. Man verbreitet Gerüchte.
- Man macht jemanden lächerlich.
- Man verdächtigt jemanden, psychisch krank zu sein.

- Man will jemanden zu einer psychiatrischen Untersuchung zwingen. („Du gehörst in die Klapse“)
- Man macht sich über eine Behinderung lustig.
- Man imitiert den Gang, die Stimme, oder Gesten, um jemanden lächerlich zu machen.
- Man greift die politische oder religiöse Einstellung an.
- Man macht sich über das Privatleben lustig.
- Man macht sich über die Nationalität lustig.
- Man zwingt jemanden, Arbeiten auszuführen, die das Selbstbewusstsein verletzen.
- Man beurteilt die Mitarbeit im Unterricht in falscher od. kränkender Weise. Man stellt die Entscheidungen des Betroffenen in Frage.
- Man ruft ihm obszöne Schimpfworte o. a. entwürdigende Ausdrücke nach.
- sexuelle Annäherungen oder verbale sexuelle Angebote

Weiterführende Quellen

Esser/Wolmerat, „Mobbing: Der Ratgeber für Betroffene und ihre Interessenvertretung‘‘, Bund-Verlag; Auflage: 7., überarbeite Auflage. (Juni 2008)
Leymann, Heinz „Mobbing. Psychoterror am Arbeitsplatz‘‘ , Rowohlt Hamburg 1993
Leymann, Heinz „Der neue Mobbing-Bericht. Erfahrungen und Initiativen, Auswege und Hilfsangebote“, Rowohlt Hamburg 1995

Anhang IV Auszug aus der UN-Kinderrechtskonvention

In der **Präambel der Kinderrechtskonvention** vom 20. November 1989 steht u.a.:

Die Vertragsstaaten dieses Übereinkommens ...
(haben vereinbart)
in der Erkenntnis, dass das Kind zur vollen und harmonischen Entfaltung seiner Persönlichkeit in einer Familie und umgeben von Glück, Liebe und Verständnis aufwachsen sollte,
in Erwägung, dass das Kind umfassend auf ein individuelles Leben in der Gesellschaft vorbereitet und im Geist der in der Charta der Vereinten Nationen verkündeten Ideale und insbesondere im Geiste des Friedens, der Würde, der Toleranz, der Freiheit, der Gleichheit und der Solidarität erzogen werden sollte, [...]
eingedenk dessen, dass, wie in der Erklärung der Rechte des Kindes ausgeführt ist, „das Kind wegen seiner mangelnden körperlichen und geistigen Reife besonderen Schutzes und besonderer Fürsorge, insbesondere eines angemessenen rechtlichen Schutzes vor und nach der Geburt bedarf",
haben folgendes vereinbart:

Teil I, Artikel 28 [Recht auf Bildung; Schule; Berufsausbildung]:

(2) Die Vertragsstaaten treffen alle geeigneten Maßnahmen, um sicher zu stellen, dass ***die Disziplin in den Schulen in einer Weise gewahrt wird, die der Menschenwürde des Kindes entspricht*** *und im Einklang mit diesem Übereinkommen steht.*

Teil I, Artikel 29 [Bildungsziele; Bildungseinrichtungen]:
Die Vertragsstaaten stimmen darin überein, dass die Bildung des Kindes darauf gerichtet sein muss,
die Persönlichkeit, die Begabung und die geistigen und körperlichen Fähigkeiten des Kindes voll zur Entfaltung zu bringen;
dem Kind Achtung vor den Menschenrechten und Grundfreiheiten und den in der Charta der Vereinten Nationen verankerten Grundsätzen zu vermitteln;
dem Kind Achtung vor seinen Eltern, seiner kulturellen Identität, seiner Sprache und seinen kulturellen Werten, den nationalen Werten des Landes, in dem es lebt, und gegebenenfalls des Landes, aus dem es stammt, sowie vor anderen Kulturen als der eigenen zu vermitteln;
das Kind auf ein verantwortungsbewusstes Leben in einer freien Gesellschaft im Geist der Verständigung, des Friedens, der Toleranz, der Gleichberechtigung der Geschlechter und der Freundschaft zwischen allen Völkern und ethnischen, nationalen und religiösen Gruppen sowie zu Ureinwohnern vorzubereiten;

Artikel 31 [Beteiligung an Freizeit, kulturellem und künstlerischem *Leben; staatliche Förderung]:Die Vertragsstaaten erkennen das Recht des Kindes auf Ruhe und Freizeit an, auf Spiel und altersgemäße aktive Erholung sowie auf freie Teilnahme am kulturellen und künstlerischen Leben. Die Vertragsstaaten achten und fördern das Recht des Kindes auf volle Beteiligung am kulturellen und künstlerischen Leben und fördern die Bereitstellung geeigneter und gleicher Möglichkeiten für die kulturelle und künstlerische Betätigung sowie für aktive Erholung und Freizeitbeschäftigung.*[37]

---

[37] Quelle:

http://www.aufenthaltstitel.de/unkinderrechtskonvention.html#2 und zum Download als PDF http://www.unicef.de/fileadmin/content_media/projekte/themen/PDF/UN-Kinderrechtskonvention.pdf

Anhang V Mobbingdefinitionen

Definition nach Leymann:

Unter Mobbing wird eine konfliktbelastete Kommunikation am Arbeitsplatz oder zwischen Vorgesetzten und Untergebenen verstanden, bei der die angegriffene Person unterlegen ist und von einer oder einigen Personen systematisch, oft und während längerer Zeit mit dem Ziel und/oder dem Effekt des Ausstoßes aus dem Arbeitsverhältnis direkt oder indirekt angegriffen wird und dies als Diskriminierung empfindet. (Leymann 1995)

Olweus sieht die enge Verbindung von Gewalt und Mobben und definiert folgendermaßen:

Ein Schüler oder eine Schülerin ist Gewalt ausgesetzt oder wird gemobbt, wenn er oder sie wiederholt oder über eine längere Zeit den negativen Handlungen eines oder mehrerer Schüler oder Schülerinnen ausgesetzt ist. (Olweus 1999, S. 22)

Alsaker definiert Mobbing folgerndermaßen:

Wir sprechen von Mobbing oder Plagen [= gängige Schweizer Umschreibung für Mobbing], wenn ein Kind wiederholt und systematisch den direkten oder indirekten negativen Handlungen eines oder mehrerer Kinder ausgesetzt ist.
Unter negativen Handlungen verstehen wir grundsätzlich alle Formen von aggressiven und rücksichtslosen Handlungen, welche verletzen und das Selbstwertgefühl einer anderen Person beeinträchtigen können. Was Mobbing aber im Kern ausmacht, ist der wiederholte Gebrauch solcher Handlungen gegenüber einer bestimmten Person. (Alsaker 2003, S. 19)

Esser/Wolmerath folgen zwar grundsätzlich der Leymann'schen Definition, charakterisieren aber im Vorspanntext recht spezifisch Merkmale der Mobbing-Situation am Arbeitsplatz, die in unseren später dargestellten schulischen Fällen unter Umständen wieder anzutreffen sind:

Die Feindseligkeit wird in einer Grauzone zwischen erlaubten und verbotenen Handlungen ausgetragen. Die Feindseligkeit wird oft intrigant vorgetragen, d.h., sie wird verdeckt initiiert, hinter „Scherzen" versteckt oder völlig anonym durchgeführt. Oft werden Angriffe so geplant, dass die Böswilligkeit nur schwer zu beweisen ist, oder sie werden mit „objektiven Daten" unterfüttert, welche die Feindseligkeit legitimieren sollen. Bevorzugt werden Arglosigkeit und Schwachstellen des Opfers ausgenutzt. Alle Möglichkeiten zu einer gleichberechtigten Auseinandersetzung werden ausgeschlossen. Es wird vorbeugend versucht, die Möglichkeiten der Gegenwehr zu vereiteln oder systematisch zu untergraben. Die Feindseligkeit wird über längere Zeit ausgeübt. Die Chancen des Mobbingbetroffenen zur Gegenwehr sind gering. (Esser/Wolmerath 1997, S. 20 f.)

Meschkutat bringt in ihrem „Mobbing-Report 2002" eine sehr allgemeine Definition, die sie für ihre empirische Untersuchung benutzt. Meschkutat rechtfertigt die Einfachheit der Definition mit der Praktikabilität eben dieser Mobbing-Definition.:

Unter Mobbing ist zu verstehen, dass jemand am Arbeitsplatz häufig über einen längeren Zeitraum schikaniert, drangsaliert oder benachteiligt und ausgegrenzt wird.
(Meschkutat 2003, S. 19)

Das Landesarbeitsgericht (LAG) Thüringen hat sich als erstes deutsches Arbeitsgericht umfassend mit dem Thema Mobbing auseinandergesetzt und in seinem Urteil vom 10.04.2001 (Aktenzeichen: 5 Sa 403/00) folgende Definition von "Mobbing" aufgestellt.

"Im arbeitsrechtlichen Verständnis erfasst der Begriff des >Mobbing< fortgesetzte, aufeinander aufbauende oder ineinander übergreifende, der Anfeindung, Schikane oder Diskriminierung dienende Verhaltensweisen, die nach Art und Ablauf im Regelfall einer übergeordneten, von der Rechtsordnung nicht gedeckten Zielsetzung förderlich sind und jedenfalls in ihrer Gesamtheit das allgemeine Persönlichkeitsrecht oder andere ebenso geschützte Rechte wie die Ehre oder die Gesundheit des Betroffenen verletzen. Ein vorgefasster Plan ist nicht erforderlich. Eine Fortsetzung des Verhaltens unter schlichter Ausnutzung der Gelegenheiten ist ausreichend. Zur rechtlich zutreffenden Einordnung kann dem Vorliegen von falltypischen Indiztatsachen (mobbingtypische Motivation des Täters, mobbingtypischer Geschehensablauf, mobbingtypische Veränderung des Gesundheitszustandes des Opfers) eine ausschlaggebende Rolle zukommen, wenn eine Konnexität [= eine Verbindung, M.Hensche] zu den von dem Betroffenen vorgebrachten Mobbinghandlungen besteht. Ein wechselseitiger Eskalationsprozess, der keine klare Täter-Opfer-Beziehung zulässt, steht regelmäßig der Annahme eines Mobbingsachverhaltes entgegen."

Anhang VI Kinderschutzsoftware

ShutDownApp (SDA)
Erlaubt es Eltern, die Computernutzung der eigenen Kinder mit Screenshots zu überwachen und sie durch aktives Eingreifen vor Gefahren aus dem Internet zu schützen;
Quelle/Download: (24.04.2014)
http://www.heise.de/software/download/shutdownapp_sda/76775
Homepage des Herstellers:
http://sda.inweb20.net/

Whitenet Home Edition
Internet-Kontrollprogramm für Eltern; bietet Black-and-White-Listen, analysiert Seiteninhalte und blockiert pornografische Inhalte; bietet zudem Funktionen wie Zeitkontrolle, Blockieren bestimmter Programme, Passwortschutz für die Filtereinstellungen und Berichte
Quelle/Download: (24.04.204)
http://www.heise.de/software/download/whitenet_home_edition/77373
Homepage des Herstellers:
http://www.whitenet.eu/

GlobRob Kinderschutz
GlobRob Kinderschutz: Kindersicherung für den heimischen Rechner; erlaubt unter anderem das Konfigurieren einzelner Windows-Benutzerkonten sowie das Festlegen von Zeitlimits für die Nutzung des Internets und des Computers; ....

Quelle/Download:(24.10.2014)
http://www.heise.de/software/download/globrob_kinderschutz/76735

FragFINN 3.0
Kinderschutzsoftware zur technischen Absicherung des Surfraums; Kinder können sich nach Installation des Programms nur auf den überprüften Webseiten der regelmäßig aktualisieren fragFINN-Whitelist bewegen

Quelle/Download:(25.04.2014)
http://www.fragfinn.de/kinderliste.html

Alles Wichtige rund um den Kinderschutz erfahren Sie auf
http://www.fragfinn.de/kinderliste/eltern/information.html

Dank

Die Würde des Menschen ist unantastbar!

Das ist nicht nur ein Grundrecht, sondern auch eine Verpflichtung, eine Verpflichtung für alle, die an Erziehung beteiligt sind.Zum Erziehungsauftrag der Schule gehört, dass die Schüler

zur Menschlichkeit und Friedensliebe,
zur Achtung der Würde und der Überzeugung anderer,
zu Leistungswillen und Eigenverantwortung,
sowie zu sozialer Bewährung zu erziehen sind.

Mein Vater, **Gotthilf Ebner** (18.01.1922-18.07.2009) hat diese Tugenden mir und meinen Töchtern Jessica und Tamara vorgelebt. Sein Handeln war stets bestimmt von bedingungsloser Liebe, Wertschätzung, Achtung und Toleranz und er hat mich und mein Leben dadurch sehr geprägt.

Dafür danke ich Dir, Papa!

Werner Ebner

Copyright

Anwaltliche Beratung durch
Voelker-Gruppe - Rechtsanwälte
Am Echazufer 24, Dominohaus
D - 72764 Reutlingen
http://www.voelker-gruppe.com/

Werner Ebner
Mobbingberatung, Schueler-Mobbing
Gutenbergstr. 9

72585 Riederich

Email: info@schueler-mobbing.de

Internet:
http://www.schueler-mobbing.de
http://barrierefrei.schueler-mobbing.de
http://www.mobbing-wiki.de
http://www.blog.schueler-mobbing.de/
http://www.mobbing-blog.de
http://www.mobbing-in-schulen.de
http://www.mobbingberatung.info/
http://www.mobbing-help-desk.de

April 2014